对话

讲述秦岭与黄河对话

背后的故事

西北旅游文化研究院 编著

陕西新华出版
陕西旅游出版社
·西安·

秦嶺與黃河

题籖

对话
DIALOGUE

讲述秦岭与黄河对话背后的故事

序言

让世界更加关注陕西

王莉霞

作一个陕西人很自豪。陕西是华夏文明的诞生地，自古就是文化厚土，帝王之都。洒落于这片三秦大地，灿若繁星的各代历史遗迹和文化元素，无不诉说着一段东方古国的历史故事。中华上下五千年，陕西始终是历史的核心舞台。这片厚土自始至终见证着周、秦、汉、唐的历史兴衰。历代帝王将相钟情于陕西，成就了一代又一代国之大统；历史上的文人墨客游历于陕西，写就了流芳百世的名篇佳作。时间赋予了陕西"天然历史博物馆"的美誉，让世人称赞、国人敬仰，海内外观光者、旅行者纷至沓来，乐此不疲。

作一个陕西人很惬意。陕西作为华夏地理中心，"北京时间"从这里发出。中国的南北方气候，长江黄河两大水系，以及国人常常津津乐道的"南方"与"北方"的地理概念，均分界于横贯陕西中部的大秦岭。绵延千里的秦岭山脉，万峰竞秀、百舸争流，峰峦之间印记着生态之美，溪水之中流淌着华夏文明。黄河在这里积淀出灿烂文化，渭河在这里滋养着八百里秦川。良好的生态环境令人羡慕，也不断催生着方兴未艾的生态旅游发展，南来北往的旅游者的脚步，络绎不绝，从未停歇。

作一个陕西人重任在肩。历史一页又一页翻过，文化保护与传承永远是后人的一种责任。面对这片黄天厚土，陕西人从来不敢懈怠。省委、省政府高度重视地上地下文化的保护和文物价值的研究与活化开发利用。全省已建起 241 座各类级别的博物馆和纪念场馆，馆藏文物数量位居全国之首，仅陕西历史博物馆馆藏文物就达 370 000 余件，文物时间历史跨度长达 100 多万年。与此同时，为了保护好赖以生存的生态环境，各级党委、政府始终把环境保护作为第一要务，

秦兵马俑

▼

在全社会普及生态文明理念，并且将文物保护、文化传承、环境管理、生态文明建设纳入到了法制化轨道，依法落实主体责任，大力推进物质与非物质文化遗产保护和"申遗"项目，使历史文化和自然生态资源优势成为旅游业可持续发展的坚实后盾。

作一个陕西人当自强。历史赋予了今天陕西人必须自强不息的使命感，对于旅游产业更是如此。历史和自然禀赋属于依存优势，如何利用依存优势做强产业，形成规模优势和效益优势，则是各级党委、政府和旅游行业，乃至全社会所追求的共同目标。为了促进全省旅游业发展，陕西省委、省政府近年先后出台了一系列《决定》和《意见》，明确了全省旅游业发展的思路、方法、目标和措施，逐年加大对旅游业的投资和支持力度，强树"丝绸之路起点"的旅游新形象，有力地促进了全省旅游业持续、快速和健康发展。全省各地和社会各行业都在旅游业的蓬勃发展中分享了巨大红利，方兴未艾的旅游业已经成为促进全省社会经济发展的重要引擎。这种将文化自豪、环境惬意、责任担当与行动自强融为一体，表现在旅游发展领域的创新与成果，正是当代陕西人一种自信、自强的原动力。

现代旅游业作为一种全民共同参与和成果分享的朝阳性新兴经济产业，有着非常典型的产业特征与发展规律，这就要求我们认真做好供给侧改革，在做精产品、做美环境、做优服务、做细管理、做强效益的同时，还要加强旅游与各行各业深度融合、协调发展，真正使旅游这个带动性最强的综合性产业，为美丽陕西、和谐陕西、富裕陕西建设作出更大贡献。要实现这一目标，必须做好宣传陕西、营销旅游这篇大文章，不断开拓国际国内旅游市场。"秦岭与黄河对话"这一大型主题文化活动，便是良好尝试。

连续三届"秦岭与黄河对话"活动的成功举办，创新了旅游文化的国际传播方式，有力地提升了陕西旅游胜地的认知度和关注度，已经成为丝绸之路起点的重要品牌活动。我们将继续追求创新、优选主题、良性互动，让父亲山、母亲河在世界面前更加富有魅力，传播中国文化，讲好陕西故事，努力将陕西打造成世界一流的旅游目的地。

（作者系陕西省副省长）

目录

对话

DIALOGUE

讲述秦岭与黄河对话背后的故事

总述

"父亲山"对话"母亲河"

——陕西省"秦岭与黄河对话"活动升级记

在美丽中国的版图上，有一条蜿蜒九曲、流经九省区的世界第五大长河，这条被叫做"黄河"的中国北部大河，自古就有中华民族"母亲河"的美称。而横卧在华夏大地中央，绵延千里成为中国南北地理气候重要分界线和长江、黄河分水岭的秦岭山脉，则被称为中国的"父亲山"和华夏"龙脉"。

作为华夏文明的发祥地、守护者和见证者，黄河与秦岭在中国历史变迁中分别承担着重要角色。千百年来，黄河像母亲的乳汁般哺育着华夏儿女，秦岭则像高大伟岸的父亲，呵护着华夏文明的传承和万物生灵。这一山一河在陕西东部邂逅交汇，繁衍出了具有代表性的山河文化、帝都传奇，孕育出了源远流长的华夏文明和丝路起点文化。如今，秦岭、黄河又作为"美丽中国之旅"的典型符号，让国人向往，令世界瞩目。

2013 年 5 月 19 日，一场以这座山与这条河为背景的"秦岭与黄河对话"，在古城西安南部的秦岭终南山世界地质公园翠华山拉开了帷幕。世界旅游组织专家与中国知名专家、文化学者相聚秦岭地质奇观之中，围绕"山河共舞"展

开了有史以来首场"父亲山"与"母亲河"的世纪对话。当天，以翠华山天池主场为中心，"对话"系列活动在陕西多地同时展开，通过凤凰卫视、陕西卫视与网络媒体互动，这场在"中国旅游日"所举行的陕西省主题活动，影响力波及近2亿人次，开创了"一山一河"为代表，宣传陕西旅游与文化魅力之先河，也由此拉开了陕西省以建设"大秦岭人文休闲度假旅游圈"，促进观光旅游向文化与休闲旅游转型的大幕。

首届"对话"的成功，开创了陕西旅游新时代的文化旅游融合发展的新模式，于是，追求"对话"活动形式创新和品牌升级，便成了山河对话倡议者、总策划、陕西省旅游局局长杨忠武主政全省旅游业期间需要研究的课题之一。2013年首届"对话"结束不久，陕西省旅游局与联合策划执行单位西北旅游文化研究院便开启了第二场"对话"活动的策划研讨，杨忠武多次主持策划论证会，要求利用"小活动、大推广、力求影响力倍增"的方式，立体式展现陕西旅游新形象。

2014年5月，第二届"秦岭与黄河对话"的新闻，从西安曲江一处散发着大唐文化气息的水面上传播到华夏大地，而这一池包容着历史文化、生态文明、人文精神的灵秀碧水，正是第二届"对话"预热项目的主旋律。5月15日至18日，由多家具有影响力的媒体带领200多名环保志愿者，兵分四路挺进三秦大地，采集养育了祖祖辈辈陕西人的近30条大江、大河、名泉、支流水样，沿途举办取水仪式，体验各地文化，累计行程近万里传播生态文明和科学环保理念，所到之处累计影响受众百万人次以上。

5月18日，"三秦江河融水"行动在秦岭名峰西岳华山脚下隆重举行，许多全程参与采水活动的志愿者含泪参与融水，并用采自全省各地的江河之水浇灌巨石之上的珍稀植物"华山松"，这是全国首创的"一省之水融一松"活动，被国内外媒体传为佳话。而由此拉开序曲的第二届"秦岭与黄河对话"，也于次日在华山天险——北峰之上隆重举行。

当天，雨过天晴的西岳华山云雾缭绕，宛若仙境，仅有80平方米的北峰之巅被各种直播设备和嘉宾、观众、记者占据得几乎无立足之地。以"丝路文明"为主题的第二届"秦岭与黄河对话"的声音，正是从这里传遍了秦岭南北和世界各地，电视、广播、报刊和新媒体综合影响受众超过了3亿人次。至此，于5月19日举行的"秦岭与黄河对话"成为"中国旅游日"全国最具影响力的大型活动之一。2016年初，"秦岭与黄河对话"喜获"全国十大品牌旅游活动"提名。

"秦岭与黄河对话"是陕西省实施旅游业提档升级的品牌活动，也是打造新常态下旅游产业"升级版"的思想源和顶层风暴。面对国民休闲旅游时代的行业发展新特点和丝绸之路经济带建设的新要求，如何实现对话与产业对接、文化与旅游交融、活动与业态促进、形象与产品双赢，陕西省旅游局的决策者与西北旅游文化研究院等主承办单位始终追求两者之间形式与传播度的完美统一。这也促成了2015年第三届"秦岭与黄河对话"全面升级的再一次生动实践。

2015年5月12日，第三届"秦岭与黄河对话"的序幕从象征着大美陕西的草坪上拉开，与往届不同的是，台湾东森亚洲卫视、沿黄各省广播电台以及更多知名网络加入到了直播阵营之中，而"对话"地点也从昔日的秦岭山系正式移师黄河岸边，于是，"黄河特区""中国历史之父"司马迁的故里——韩城，走进了大众传播的视野。

2015年5月17日，以"探秘韩城·聆听对话"为主题的大型自驾活动在古城西安隆重启幕，美女主播与网络达人带着4队自驾车友，浩浩荡荡从西安启程向韩城进发，而促进自驾旅游发展，则成为热身项目的重头戏。

5月17日起，"秦岭与黄河对话"升级版依次在韩城四大重点景区拉开了序幕，党家村里的游人欢歌笑语，民众与游客在这里激情互动；古城城隍庙中民间艺人"非遗"献礼，黄河文化大展演惊天动地；韩城文庙中，历史学家、文化名人情牵韩城，竞相述怀泼墨；令无数人敬仰的司马迁祠前，上百台高清摄像摄影器材聚焦高端对话，妙语连珠，掌声雷动，都成为第三届"对话"全面升级的亮丽元素，而 5 月 18 日举行的与本届"对话"主题"新丝路、新起点、新旅程"相互动的旅游产品推介会，则将活动与产品推广有机联系了起来，来自山东、河南、山西、陕西、甘肃、青海等省区共同发起成立的"沿黄广播电台旅游推广联盟"，成为助推旅游传播和自驾业态发展的重要成果。

2015 年 5 月 19 日，一场立体升级版的"秦岭与黄河对话"在黄河岸边司马迁祭祀文化广场盛大举行，陕西省副省长王莉霞宣布"中国旅游日"陕西分会场启动，150 余名民间鼓手敲响了美妙绝伦的韩城行鼓。之后，国内顶级历史、文学、旅游名家学者围绕丝绸之路与陕西、旅游产业转型升级及陕西行动等展开了一场十分精彩的高端对话，凤凰卫视著名主持人胡一虎和陕西卫视著名主持人朱茜茜与"对话"嘉宾激情互动，台下观众热情参与，最后演绎了名家与观众共同面对镜头为陕西旅游点赞的精彩画面。

第三届"秦岭与黄河对话"，参与直播的电视媒体涵盖大陆、香港、台湾三地，广播媒体包括从黄河发源地至入海口，网络媒体超过 5 家，参与新闻传播的全国各类媒体超过 200 家，活动直播现场与场外互动距离超过 1 000 千米，电视讯号覆盖全国所有大中城市，声波讯号直击自驾车群体 1 000 万人以上，网民覆盖 1 亿人次，通过其后香港凤凰卫视两次录播和台湾东森亚洲卫视 10 次面向全球播出，各种传播影响力达到 5 亿人次以上，实现了高端汇聚、黄河同唱、媒体互动、全域传播的立体提升，成为影响全国、波及全球的陕西旅游升级版创新实践，创造了中国旅游文化活动媒体整合推广的多项历史记录。

"秦岭与黄河对话"的三届提升实践，凝结着主办方陕西省旅游局和策划执行方西北旅游文化研究院及西北旅游传媒等单位决策者和参与者的智慧、心血和汗水，折射着陕西省旅游产业发展的一次又一次创新升级。

2016 年，"秦岭与黄河对话"即将拉开大幕，朝着影响力突破 7 亿人次，丝路、长江、黄河、秦岭沿线更大互动与参与的目标，再一次追求新跨越。

对话
DIALOGUE

讲述秦岭与黄河对话背后的故事

实录

秦岭 与

The Dialogue of Qinling Mountain

2013中

主 办：陕西省旅游局

山河竞秀话陕西
——第一届"秦岭与黄河对话"实录

时　　间：2013 年 5 月 19 日

地　　点：终南山世界地质公园翠华山天池畔

对话嘉宾：肖云儒　徐汎　张辉　吕仁义　沈茂才

主 持 人：胡一虎（凤凰卫视）　徐茜（陕西卫视）

主　　题：山河共舞 美丽陕西

的对话

he Yellow River

日陕西省主题活动

：西安旅游集团

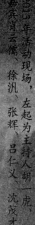

2013年活动现场，左起为主持人胡一虎、嘉宾肖云儒、徐汎、张辉、吕仁义、沈茂才

主持人：女士们，先生们，电视机、收音机前的父老乡亲们、关注陕西发展的全球网友们，大家上午好。

我是来自香港凤凰卫视的胡一虎！我现在所在的位置很特别，是大自然山崩地裂之后的结晶，也就是秦岭终南山世界地质公园的翠华山天池旁边。非常难得，我们即将要见证一场秦岭跟黄河之间的山河对话。

实录 \

主持人：非常高兴这时候能够暂时离开香港的摄影棚，在中国大地上游山玩水。在这里，我们即将跟全球华人见证的是一场山河之间的对话，山跟河怎么对话？还需要靠人，哪些人呢？有请高手来到我们的现场。

在这里，我们要献给所有在座嘉宾一个礼物，这个礼物是我们特别有请陕西省国画院的院长范华题字润色，著名书法家钟明善题词，由中山书院副院长李长胜先生创作的一幅《秦岭揽胜》山水长卷。我想看到了这幅山水长卷，很多人有不同的感受。我想先请教一下茂才兄：您从早到晚都跟秦岭在一块，秦岭滋养着你，你也回馈着它，看到这幅画，你有什么感受？

沈茂才：我想秦岭是中国的中央山脉，也是一座非常美丽雄伟的山脉，它西接青藏高原，东接华北平原，南到汉江，北到渭河，总面积约30万平方千米。秦岭在7亿年前所形成的华北板块和扬子板块，为秦岭造山带的形成奠定了基础。那么2亿年到7千万年前的喜马拉雅造山运动和燕山造山运动以来，逐步的形成了今天雄伟连绵壮观的秦岭。著名地质学家吴山石说纵观中国的地形地貌，可以用"一带三湖"来概括，一带者秦岭，三湖者，北为蒙古湖，南为华南湖，西南为滇藏湖，由此可见，秦岭在中国地理上的重要性。

主持人：好，谢谢茂才兄。徐汎徐女士您好，我知道您的工作是绕着地球跑。如果用秦岭跟世界上其他的名山来做个比喻的话，比如跟阿尔卑斯山来比较，您觉得能不能有一些对比和联想？

徐汎：大的山系多是恢弘的、绵长的、深邃的。阿尔卑斯山是欧洲的屋脊，它呈弧形蜿蜒于法国、意大利、瑞士、奥地利、斯洛文尼亚六国。我们的秦岭也是在中国中心地带崛起的一个庞大的山系，同样是非常绵长。大的山系往往是大河的发源地，阿尔卑斯山是莱茵河、多瑙河、隆河的发源地，我们的秦岭是汉水和渭河的发源地。大的山系又往往是人类文明最早的活动区域，阿尔卑斯山和秦岭的人类活动的遗迹都早于旧石器时期。大的山系又往往有着很强的差异，譬如秦岭南北差异之大，造就了多样性的气候、多样性的人文、多样性的文化。

对话

讲述秦岭与黄河对话背后的故事

主持人：对！旁边的云儒大哥，我记得曾经看到你有个作品形容秦岭是"四库全书"，为什么？

肖云儒：秦岭是中国的中央山脉，中国中部的水库。发源于秦岭的渭北和汉水是黄河、长江的最大支流，秦岭通过这两条河滋养了长江和黄河。它又是中国品类最齐全的植物库和动物库，以及中国文化和智慧之库。中国人的精神价值和思维结晶道儒释都在这座山下发育壮大。在世界的山脉里边，秦岭可能集聚的诗文、书画作品是最多的，所以我说秦岭是一部四库全书。

主持人：在云儒眼里秦岭是"四库全书"，那么在张辉的眼里又是什么呢？

张辉：从旅游角度来讲，秦岭是中国南北一个很重要的旅游分界线，也是反映了中国旅游的两个不同的发展阶段。

主持人：谢谢您的解读，仁义兄？

吕仁义：秦岭乃天下之脊，中原之龙首也，也就是说秦岭是中国的脊梁。

主持人："仁者乐山，智者乐水"，一看到了黄河，很多人就源源而出一种对民族的自豪感，对整个它的蜿蜒曲直向前的亲近感。所以接下来再请礼仪小姐。

现在所展示的这幅画很特别，是由西安美术学院的陆震华教授所创，由当代著名书法家茹桂题名的《黄河之水天上来》。那么看到了这幅国画长卷，对黄河文化颇有研究的仁义兄，帮我们介绍一下陕西境内的黄河。

吕仁义：黄河陕西段有700多千米，其中包括中游最大的峡谷——秦晋峡谷；包括中游最大的湿地——三河口湿地；拥有两座国家级历史文化名城——榆林和韩城；拥有3个国家级风景名胜区——华山、壶口、洽川；还有"鲤鱼跳龙门"的龙门、"九曲十八弯"的乾坤湾以及一大批的名村古镇……所以黄河陕西段的景观特色可以用几个词来表示，雄浑、淳朴、原始，就像一块没有凿好的玉石。

主持人：张辉兄，在你的眼里黄河又是一个什么样的情景？

张辉：黄河在我们中国人的心目中，更多的是历史和文化的符号。所以说

秦岭与黄河对话，更多是表现一种自然形态和历史文化的东西。在旅游的理解上，更多是强调文化的概念。所以陕西旅游把秦岭、黄河作为两种文化形态展现在世界面前，反映了整个世界旅游发展的历史潮流。

主持人：我记得云儒大哥在《说文解字》里提到，中华的"华"里面"十"字似乎也是跟黄河有关？

肖云儒：中华的"华"有一个大"十"字，就是黄河进晋陕峡谷的南北走向和秦岭东西走向的一种寓意，它配以很多花叶（十字）形成了古"華"字。所以黄河、秦岭实际上是中华的"华"字的原形。

我们都说中国人是龙的传人，轩辕以黄龙为体，而黄龙以水也就是黄河为形，以黄为色，所以中国龙的原形也在黄河。特别有意思的是，黄河从巴颜喀拉山流出，到陕甘宁高原拐了一个很大的弯，像母亲伸开臂膀把这块高原搂在

怀里，用乳汁哺育着它，黄河中下游于是成为中华文化发祥地之一。黄河厚德载物；秦岭自强不息。我们民族这两种最重要的品质，都与这山、这河分不开。

主持人：徐汛女士，如果从国际角度来看，黄河在国际当中的地位又是如何？

徐汛：黄河是中华文明的摇篮，也是世界古文明的发源地之一，黄河流域承载的文化其实是中华文化中的农耕文化。几千年来，生活在黄河流域两岸的人民，在水利和水旱的交替中饱尝忧患，仍生生不息，用勤劳和智慧来开创历史、创造文明。比如，黄河壶口瀑布滩头那位牵着毛驴、头裹白羊布手巾、唱着信天游的老汉，让人感受到了黄河精神。从旅游的角度，我觉得我们看到的黄河不仅仅是汹涌澎湃，九曲连环，更重要的是黄河里所承载的这种文化、文明和精神。

主持人：谢谢徐汎女士。最后茂才兄补充，黄河在你心里是一个什么样的形象？

沈茂才：黄河，在我看来就是美哉壮哉！

主持人："仁者乐山，智者乐水"，文化的星火相传是一棒接着一棒。除了秦岭大美，还有黄河文明之美，接下来还要从旅游角度来细细剖析黄河跟秦岭之间的对话，还有哪些新的火花、新的出彩呢？我想还是要请教我们的几位专家和学者。首先我们请张辉老师解读一下陕西山水相映的旅游格局。

张辉：陕西旅游在中国旅游中是厚重的一笔，特别是在八十年代中国旅游

发展的起步阶段。陕西旅游奠定了中国旅游发展的格局。我们是以历史文化、黄河文明来展现给世人的。

随着中国国内旅游的发展，随着工业化和城市化的发展，陕西旅游相对于其他以自然山水为核心的旅游目的地来讲，我们发展是相对缓慢的。我想陕西旅游下一步的发展，应该给我们中国，乃至世界格局一个大的转变，我们既有非常丰厚的历史文化作为铺垫，同时我们还有非常优美、非常适合人们度假的山水资源，所以如果我们能形成秦岭山、黄河水这样一个历史文化相互对应的一个旅游格局，陕西旅游对整个中国旅游来讲会是更重要的一笔。

主持人：谢谢张老师。我们有请肖云儒老师来给我们解读一下，

陕西旅游文化的魅力到底在哪里?

肖云儒: 在我心中,陕西旅游文化像一块五色之土。我们有"银色的历史文化"之美,在历史的空中星光灿烂闪烁银光,我们有多少个之最,有多少个第一,它的数量、流量都在全国居于首位。"金色的风情文化"之美,我们金色的黄河和黄土高原,形成了陕北民歌、陕北秧歌、剪纸和关中面花、木板年画,一直到陕南的茶坡,这是丰富多彩的风情之美。"绿色的生态文化"之美,陕北已经穿上绿装,陕南秦巴水域甩起了水袖,我们把一江清水送北京,京津和华北大地有很多旅游者希望探寻这个给他们供水的水源地,未来的旅游将会有很大的发展。当然还有"红色的革命文化"之美,由参观型、教育型向体验型、休憩型转化提升。"彩色的演艺文化"之美,3 000万老陕唱秦腔,还有旅游产品《长恨歌》《大长安》,所有的旅游景点都在尝试演艺化。这五色之美,使这块土地五彩斑斓,所以今年上半年陕西的国内游客已经过了1个亿,陕西的国外游客达到了100万以上。

主持人：请我们现场的几位专家，用一句话来概括一下你心目中陕西旅游的魅力。

沈茂才：陕西旅游得天独厚，可以说有的是景点，令你目不暇接，但是我们少的是时间，看都看不过来。

吕仁义：我从特色上说一下，我觉得陕西旅游的主要品牌基本上可以具备三大特色，文化特色、山水特色、时代特色。

张辉：陕西旅游是世界文化旅游为标志的旅游胜地，也是世界旅游者向往的一个很重要的文化胜地。

肖云儒：全球华人来陕西追寻自己的文化DNA，追寻自己的根脉。各国友人来陕西，追溯东方文化密码，体验东方情调。

徐汎：怎么样能够更好的去满足新一代旅游者的新需求，是我们陕西未来旅游更加国际化的一个很大的发展空间。

主持人：崇山乐水是中国人的传统习俗，也是国际休闲旅游的发展趋势。在旅游业进入大众化休闲的时候，中央政府颁布《国民休闲计划纲要》，陕西依托大秦岭和黄河，相信一定会为旅游业带来更大的社会价值和旅游空间。现在提出的建设国际化的大秦岭人文生态旅游度假圈，对陕西旅游有什么好处？沈茂才先生能否给些解读？

沈茂才：让大家来秦岭旅游究竟看什么？秦岭海拔垂直高度分布比较明显，从渭河的400米到太白山的3 767米，这么高的海拔，它有两个特色，一个是生物多样性分布特点比较明显；第二就是地形地貌的复杂和丰富。秦岭有平地、有丘陵、有浅山、有高山、有盆地、有峡谷、有森林、生物多样性非常丰富，有珍惜的动植物，还有熊猫、羚牛、金丝猴等69种珍惜的濒危动物，我想这些旅游资源都非常值得人来看。同时秦岭也有丰富的负氧离子，空气十分新鲜，到这来呼吸自然空气，你可以感到非常舒适清爽。

欣赏秦岭风光和文化，包括东方几千年形成的官方文化，比如说道文化、佛文化，以及文学、诗歌等等，还可以感受到秦岭当地的一些土著文化，比如一些民间传说、民歌、民俗等。

主持人：最后，我们请肖老师来讲评一下今天这次秦岭与黄河的

实录

2013年嘉宾与主承办方合影，右起为胡一虎、沈茂才、吕仁义、张辉、徐汎、肖云儒、陈清亮、董汉青、陈吉利、王晓民

对话。

肖云儒： 陕西旅游经济首先是创意经济，我们解说词的情景化，各种策划的体验化，还有各种旅游主题的演艺化，这都有很大的空间供我们努力。第二，品牌拉动力。我们要借一个大的、全国和世界级的品牌来取得话语权，这就是黄河和秦岭，我们《大秦岭》在央视播出以后引起很大的影响。现在我们把黄河文明拉进来，影响力就更大。第三，服务力是一种生产力。陕西人常常把地域视角过多地带到现代服务经济中去，这很不利。第四，影响力也是生产力。对大范围的影响力，我们要一抓到底，使我们对旅游经济有很强的执行力，这些都是我们的收获。

主持人： 谢谢肖老师，也谢谢我们今天的专家和学者，感谢我们现场的观众以及每一位关注陕西的朋友。美丽的大秦岭欢迎您，汇聚文明的黄河欢迎您，美丽神奇的陕西欢迎您。

只要你的心有山水，你就能听见秦岭在说话，黄河在唱歌。我们"秦岭与黄河对话"到此虽然结束了，但别忘记秦岭和黄河的对话是永远一直持续下去的，别忘了关心它，感恩它。

关中民居艺术

2014 年活动现场，右起为主持人王鲁湘、嘉宾魏小安、周天游、贾云峰、李骊明

丝路起点论旅游

——第二届"秦岭与黄河对话"实录

时　　间：2014 年 5 月 19 日

地　　点：华山北峰

对话嘉宾：魏小安　周天游　贾云峰

　　　　　李骊明

主 持 人：王鲁湘（凤凰卫视）

主　　题：丝路文明

实录

21

主持人： 女士们、先生们，观众朋友们，大家上午好。欢迎收看今天的"秦岭与黄河对话·丝路文明文化论坛"，我是凤凰卫视主持人王鲁湘。

2013年5月19日"中国旅游日"，陕西首次以"秦岭与黄河对话"的文化创意，通过与众多媒体的战略合作，向旅游市场展示了"山河竞秀"的陕西旅游新格局、新风貌，获得了国内外旅游市场的广泛好评。今年的"秦岭与黄河对话"移师到了"天险"华山，主题为"丝路文明"，希望本次对话能够穿越地域、穿越时空，丝绸之路起点——陕西的文化旅游魅力传播到全世界。首先请历史学家周天游先生，来给我们简单介绍一下陕西的历史和古城西安的建都史，有请。

周天游： 大家好，陕西是中华民族的主要发祥地之一，现今已知的北方最早人类是115万年前的蓝田猿人。中国历史上的英雄时代，炎帝兴起于姜水，黄帝兴起于姬水，他们都是从陕西的西部崛起，足迹遍及黄河中下游地区进而深入长江中下游地区，在氏族部落的交流与融合中推动中华民族的发展与昌盛，所以炎黄理所当然的成为中华民族的共祖。

西安处于关中腹心，古称长安，曾经有13个王朝在这里建都，这13个王朝建都的时间加在一起超过了千年，所以长安也是世界著名的历史古都。

中国历史上最有影响力的周、秦、汉、唐都在这里建都，其中，周确立以农立国，西周的三大制度为儒学的诞生创造了条件；秦把属于地域概念的中国转化成为了属于国家概念的中国；汉代不仅确立了主体民族——汉族，同时还保留了民族的多样性，并成立了后来成为中华民族精神支柱的新儒学；唐代则把开放包容发挥到了极致，形成了"东有长安西有罗马"的两大世界文明中心，对世界的发展起到了积极的推动作用。

主持人： 人们常常说，陕西就是一座天然的中国历史博物馆，那么请问土生土长的西安学者李骊明先生，您如何看待秦岭、黄河、陕西与中国文化之间的自然传承关系。

李骊明： 自然是文化的背景和母体。作为中国的"父亲山"和"母亲河"，秦岭、黄河孕育的炎黄文化、华夏文化是世界上最早具备完备形态并在很长时

间占据主导地位的大地域文化。

因有秦岭而有渭水，因有渭水而有渭水冲积平原，从而有八百里号称陆海和天府的关中道，我们的先祖在这里从石器时代就开始了开发建设。这里遍布着先祖、先哲、先圣、先贤的足迹，儒、道、释也是在这里展开了竞争和融合，从炎黄二帝、秦皇汉武到唐宗宋祖，还有无数这样的文化英雄，共同在关中的这片大地上完成了对中华文化的奠基。走过了中国的文化青春期，奠定了中华文化的主干和基调，这就是陕西对中国文化的重要贡献。

到了近现代，陕西也作出了巨大的贡献，位于陕北的延安是中华人民共和国的摇篮，红色革命文化和延安精神成为现在重要的价值文化资源，而陕南正在做着一个深远的绿色贡献，那就是生态文明的建设，南水北调工程、一江碧水送北京等等工程的水资源主要来自陕南的汉江水系。

主持人：也就是说我们陕西今天还在替中国的历史文化做着自己的贡献。好，谢谢李先生。说到陕西旅游，我觉得它应该和中国其他地方有着不同之处，请魏小安先生从全国视野来说说陕西旅游资源的优胜之处。

魏小安：上海－北京－西安－桂林和广州早已是中国驰名世界的经典旅游线路，北、上、广是三个口岸城市，真正有特点的就是西安和桂林，这个大优势意味着陕西就是中国旅游的公众形象代表。有人说，"到了陕西看坟头"，实际上这是一个很大的误读。

就陕西来看：第一，陕西的旅游资源品种非常多，归纳下来叫做雄浑陕北、悠然关中、苍翠陕南；第二，陕西旅游资源品位非常高，有以"兵马俑"为代表的世界顶级旅游符号，也有中国大山大川的代表——秦岭，不到秦岭不知南北，这是很真实的；第三，陕西的交通现在很便利，中国的好东西太多了，新疆、西藏、内蒙、青海这些地方有很多绝品，但是交通都差一点。第四，现在陕西的基础设施和接待设施都已经比较完善了。这四个方面因素构造了陕西的一个特点，叫做"很有说头，很有看头，很有玩头，很有搞头"。

主持人：请贾云峰先生结合切身体验来说说这个"说头""看头""玩头"，特别是"搞头"。

贾云峰：秦岭绝对不是简单的划分南北的分界线，我对秦岭的寻访刚刚结束，写了一本书叫《大秦岭纪事》，我们寻访了90天，自驾12 240千米，然后梳理出了12条文化脉络。我最大的感动是我觉得这不是一次寻访，而是一次我跟自己"父亲"交流的心灵碰撞过程。每次的秦岭寻访，都是在寻找心灵当中的果敢。我们小时候一直说长江是我们的母亲，黄河是我们的母亲，我小时候最大的疑惑就是中国"爹"在哪儿呢？我现在终于知道了中国"爹"就是在大秦岭，中华的"父亲山"就在大秦岭。

主持人：今天"秦岭与黄河对话"一个重要的主题是一条路，一条山路、一条文化之路，一条文明传播之路。在1877年的时候，德国地理学家李希霍芬在他的《中国亲程旅行记》中第一次提出了"丝绸之路"这样一个概念，这么多年以来在全世界广为传播，逐渐地被大家所认可。以我们现代人的眼光来回望这条路的时候，到底应该看到它的什么价值和意义呢？请魏小安先生给我们分享一下您的心得。

魏小安：丝绸之路如今已经形成了国家大战略，而丝绸之路多年以来面临的最大问题就是很难形成产品。丝绸之路横贯欧亚，有八千千米，要从头到尾地体验下来不太现实，所以丝绸之路旅游的发展只能是节点式发展，丝绸之路文化应该是节点式展现，但是现在需要一个总体概念。

丝绸之路发展前景广阔，现在中亚、西亚这些国家和中国很友好，而且中国也与之形成了一种经济市场。就旅游方面来说这些国家都希望中国过去投资，希望我们的客人过去。这就说明我们可以继续往前走，而走这一步就必须把丝绸之路国际化提到更高的议事日程。

丝绸之路国际化就要做出国际水平，要做出世界水平。今天是"5·19中国旅游日"，我建议由陕西发动、西北联合、中国提出，与中亚、西亚乃至欧洲的国家一起设立"丝绸之路国际旅游日"，把大家凝聚到一起，形成概念、打造品牌，这样做也会更加务实。

主持人：谢谢魏先生极其重要的倡议，我想这个倡议一定会引起我们国家旅游部门，包括我们陕西省的高度重视。有人说丝绸之路是一条商贸之路，但是它远远不只是商贸，贾云峰先生请您从世界范围来讲讲丝绸之路对人类文明进程的重要作用。

贾云峰：丝绸之路是非常值得关注的一条路。首先，这条路加快了中国与中亚、西亚乃至欧洲的物质交流。其次，它有着非常深刻的文化意义，带动了中国最早的真正的开放和文化的包容，比如带来了绘画、舞蹈、百戏这些艺术文化，加快了文化的交融和渗透。

我非常同意魏老师的观点，我觉得丝绸之路首先要国际化，国际化的核心一定要有国际化心态、国际化合作、国际化机制、国际化营销以及国际化模式。

主持人：贾先生其实是把魏先生说的很有搞头变成很有国际化。我们知道所有通过丝绸之路过来的西方文明，最后都会沉淀在中国的土地上，尤其是沉淀在关中这样一片土地上，这种沉淀在今天的关中

民俗文化中间到底有什么呈现，请李骊明先生给我们作以介绍。

李骊明：以古长安为中心的关中城市群是丝绸之路的东方起点，它最显著的特性就是其节点性，从东西方向看，以古长安为东方磁极的丝绸之路是世界性的东西方文化、商贸大通道；从南北方向看，北方草原文化、匈奴文化、南方荆楚巴蜀文化都在长安汇聚。东西南北的东西在这儿都能找到它的痕迹，这对关中城市群的庙堂文化、民俗文化都有深刻的影响，并且逐渐融入了我们的生活当中。

在关中老百姓的生活中，与丝绸之路有关的东西很多，比如牛羊肉泡馍已成为西安的一大特色餐饮，这个东西就是源自丝绸之路上自带干粮、买肉汤泡饭的习惯。火锅也是来自西北民族的特色饮食，肉夹馍则可以看作是丝绸之路上的快餐。像渭北地区的石质拴马桩，现在成为人们竞相收藏的实用艺术珍品，

拴马桩上面造型主要有狮子、胡人、猴子等，这些都与西域的素材和交流有关，后来就融入了关中实用艺术的大景观。

周天游：我刚才在听华阴老腔的时候很有感慨，实际上陕西有很多非物质文化遗产源远流长，例如讲世界电影史必讲中国的皮影，而中国皮影的故乡在哪儿？就在陕西。所以丝路确实有很多很值得我们怀念、值得我们回顾的一些事情，现在好多的景点，比如说未央宫遗址、茂陵，还有现在出土正在整理发掘的渭河桥都是当时丝路非常重要的场景。现在我在大雁塔做西安曲江艺术博物馆，是陕西和11个省20多个博物馆考古所共同合作的项目，要用壁画来讲述整部中国古代绘画史，这也是回顾丝路发展过程的一个项目。

比如我们这个展品里面就有羽人图，是在西安理工大学的西汉壁画墓里出土的，这个西方长翅膀的羽人主要是来引导灵魂升天的。另外在昭陵的陪葬墓

实录

27

里也有很多穿竖条裙的侍女，这些侍女都有硬折袖，还有的鞋也有硬折边，这些图案都来自于中亚、西亚，他们所穿的都是当时的时装，而且到现在也不落伍。这些都体现了原汁原味的唐朝人改造丝路文化的烙印，所以说丝路文明是在不断交互、不断反复中推进的。

主持人：说到丝绸之路，一般都把它和商人联系起来，但是从文人的角度来看，应该怎么样对待丝绸之路，丝绸之路的这种人文情怀是一种什么情怀，请李骊明先生与我们分享。

李骊明：我年轻时候读有关丝绸之路的书，中年的时候又参与到丝绸之路项目的策划。每次到西部去，总是容易想起来过去戍边的诗、班超父子的故事、张骞的故事、"大漠孤烟直，长河落日圆"的苍凉雄浑以及"丝绸之路"的概念。

班超有句很悲怆的诗，"臣不敢望酒泉郡，但愿生入玉门关"，体现出了远在西域时班超忧国忧民忧社稷的情怀。每次去感受丝绸之路的壮美，觉得在那儿一方面是鞍马劳顿，一方面是灵魂的放飞，让人心胸立马开阔。现在丝绸之路在大变，骆驼变成了汽车，戈壁滩上的土路变成高速公路，火车、飞机、互联网等，丝绸之路变成了新的高科技之路。但是从古到今，平等互利、互通有无、和平发展一直是丝路沿线的主题。

西部大开发和丝绸之路经济带的提出是深谋远虑的战略眼光，应该是中国在21世纪的世纪工程，应该在西部设立中国与世界沟通的战略安全通道，或者叫综合战略安全通道，保障能源安全、生态安全、主权安全、文化安全等。希望旅游在这儿能达到大线路地理穿越和文化穿越的最高境界，希望古老的文明和现代的文明能在这里面相互交映，变成中国与欧亚大区域共同发展、共同进步、和谐相处的黄金通道。

主持人：说到这个巨大的时空尺度的话，我们自然想起丝路两端两座大山，一座就是我们的秦岭，一座就是欧洲的阿尔卑斯山，我想请问一下贾云峰先生，这两座大山在丝绸之路的历史文化传承中，在我们今天当下的旅游发展中，它是一个什么位置？

贾云峰：这两座大山是非常重要的，秦岭是中华民族的父亲山，阿尔卑斯

山是很多欧洲文化汇聚点的发源地，很多河流发源也是在阿尔卑斯山。

在瑞士、德国等欧洲国家，走到哪儿都能看到跟阿尔卑斯山有关的文化，我觉得阿尔卑斯山最大的一个成功就是它的开发非常注重文化性、旅游性和可持续性，它整个的开发都是联动性的开发。

我觉得这两座大山的联动，实际上不是两种文明的联动，是整个世界旅游大一统发展的线路联动，在这个上面的联动会带动整个文明的发展。在当今社会，中国的传统文化应该回归。我一直觉得旅游不是来看世界的，而是来发现自己的，旅游是我们用现在的想法去构建那些已经逝去的价值观，回归传统改革创新，这两座大山的联动实际上就是一种回归传统的活动，是一次让你热泪盈眶的策

实录

划，是一次追寻文明发展的策划，是一次整个世界联动的策划。

魏小安：我们老说文明的交融或者文明的碰撞，今天没有吗？丝绸之路应该体现一种现代的欧洲文明、亚洲文明、华夏文明的交融，体现出碰撞，而我们现在呢？经常觉得全球一体化了，没有统一的内容。我们现在要强化建设、强化治理、那文化不重要了吗？实际上就在今天，就在此时，应该说我们也必须关注这种文化的交融和文明的碰撞，这一点如果不关注，我们用一套理念来打天下，这天下是打不下的，所以应该在丝绸之路的发展过程中充分体现出这一点。

主持人：谈到丝绸之路，不能不提对丝绸之路有"凿空"之举的外交家——张骞。张骞也是陕西人，今天在我们现场观众中间有来自张骞故乡的代表，欢迎您参加我们的对话。我们有请张骞纪念馆的馆长王亚萍女士。我想问一下王亚萍女士，我们知道张骞当时从西域回来以后，由于他立了盖世功劳是被封了侯的，那么他现在还有后人吗？

王亚萍：有，张骞后裔已经延续到第 70 代。他们祖祖辈辈就生活在张骞故里汉中城固一个叫博望村的地方，那个村子里现在还住着张骞的 500 多位后裔子孙。为什么叫博望村呢？那是因为张骞有功，汉武帝在公元前 123 年封其为博望侯，其实也充满汉武帝对他的褒奖之意，就是赞扬他眼光远大，知识渊博。这个博望村和张骞墓也是张骞留给家乡人民最珍贵的文化遗产。

主持人：现在的张骞纪念馆里头，都有一些什么陈列的内容可以供我们去参观？

王亚萍：张骞纪念馆依托张骞墓，是为了纪念张骞通西域这样一个伟大壮举而在上个世纪 80 年代由当地政府出资修建的。张骞墓在很早以前，就已经是全国重点文物保护单位了，在之前长达 8 年的丝绸之路申报世界文化遗产的过程中，张骞墓各个方面的情况也得到了很好的提升，比如我们的展室设计，我们的基础设计，我们的保护等都得到了很好的提升。

主持人：去年 9 月，习近平总书记在出访中亚四国时提出共建"丝绸之路经济带"倡议，获得了沿线各国的一致响应，国务院总理李克强也在今年的政府工作报告中间提出，将优先开发大西部，抓紧建设丝绸之路经济带，说明丝绸之路建设已经成为提上国家战略层面的一个话题了。站在丝路起点的陕西，应该怎么抓住这个大机遇，怎么去做丝绸之路这么一篇文章，陕西的旅游业应该怎么抓住这个机遇趁势而为呢？我想请四位嘉宾都简明扼要地为我们陕西出一个点子。

魏小安：我觉得陕西旅游现在基础具备应该发力，发力的核心是发市场，发市场的核心是发品牌，因为产品建设可以一步一步慢慢走，但是没有品牌，大家还局限着到陕西看坟头，那就是自己把路给走歪了。

周天游：丝路兴陕西兴，丝路败陕西衰，再引申一下，丝路兴中国兴，丝路败中国败。那么陕西过去和中亚五国的关系是非常紧密的，中亚五国对陕西的影响力也非常大，像吉尔吉斯陕西村，我们应该与中亚积极开展文化交流，包括旅游，而旅游就是文化交流最好的一个形式，这样可以一点一点地通过商路所带来的文化交流得到再现，以文化为先导，来推动经济的交流，这方面我觉得陕西是大有作为的。

贾云峰：丝路旅游发展要抓好营销，一定要国际化定位、项目化落地、产业化崛起、品牌化突破。我倡议能成立一个丝绸之路的营销平台，从海上丝绸之路、陆地丝绸之路、云上丝绸之路，达到空中丝绸之路。

李骊明：一是协同沿丝路城市，切实推进丝绸之路大线路旅游的规划和开发；二是率先搞好自驾车旅游的服务和设施建设。

主持人：好，谢谢李先生，以丝路文明为主题的"秦岭与黄河对话"到这里就结束了，秦岭和黄河一直呵护着的陕西是我们东方文化的一片厚土，是古丝绸之路的起点。今天的陕西山清水秀、色彩斑斓，享誉世界的陕西旅游一定是最值得我们一到的地方，读万卷书不如行万里路，魅力陕西欢迎您！

实录

责任与担当
——第三届"秦岭与黄河对话"实录

时　　间：2015 年 5 月 19 日

地　　点：韩城司马迁祠

对话嘉宾：郑欣淼 蒋子龙

　　　　　肖云儒 张大可

　　　　　戴　斌 从维熙

主 持 人：胡一虎（凤凰卫视）

　　　　　朱茜茜（陕西卫视）

主　　题：新思路·新起点
　　　　　·新旅程

主持人： 女士们、先生们，电视机、收音机前的父老乡亲们、海内外正在关注陕西的广大网友们，大家早上好！

我现在所处的位置是陕西省韩城市司马迁祠，1 850年前司马迁就是从这里起步，用生命书写了后来被称为是"史家之绝唱，无韵之离骚"的《史记》。今天，我们站在了"母亲河"黄河的岸边，在伟大的史学家、文学家和思想家司马迁的注视之下，举行一场"父亲山"和"母亲河"跨越千年时空的文化交流活动。

今天我们的主题是"新丝路、新起点、新旅程"。谈到新丝路，大家都会想到古代的丝绸之路，想到打通人类历史上第一条东西方文化交流交通大要道的陕西人——张骞。说到今天的新丝绸之路，我又联想起一个陕西人，2013年，他在访问哈萨克斯坦和印尼时，先后提出了建设"一带一路"的战略构想，这位陕西人就是习近平总书记。我想先请教一下欣淼兄，在21世纪我们的"新丝绸之路"内涵在哪里？

郑欣淼： 古代丝绸之路如今已经焕发出新的活力，它见证并促进着中国和欧亚国家之间的友好关系。新丝路的"新"，主要体现在它的内涵、方式以及其代表的精神。首先，从内涵上说，它从单一的商贸之路变成了一条经济带，而且还要逐步发展到区域间的大合作，这是造福丝绸之路沿线各国人民的一件大事。其次，新丝路要创建的是一种创新的合作模式，在古丝绸之路上，各个国家都是平等的参与者，这就为不同发展水平的国家，创造了一个互利共赢的区域合作新模式。

新丝路不仅是古丝绸之路精神的传承，它又增添了好多新的时代内容。古丝绸之路在中国历史上盛于汉和唐，这也是我们中华文明发展史上最为辉煌的时代。这是一个我们敢于向外传播中华文明，同时又能大胆吸收域外文明的重要时期，而新丝路又增加了互相尊重、平等互利、合作共赢、包容互鉴等新的时代精神。

主持人： 掌声谢谢郑欣淼先生给我们的诠释。他刚才提到了新丝路当中的很多"新"，尤其强调了跟丝路沿线国家合作共赢。我想请教旅游方面的著名专家戴斌，从旅游角度来讲，您觉得它的"新"在

对话
讲述秦岭与黄河对话背后的故事

哪里？

戴斌：过去的丝绸之路更多涉及到的是政治、军事以及贸易层面，而今天走在丝绸之路上的人更多的是我们广大的老百姓以及游客。经过三十五年的发展，中国已经进入国民消费为主体的大众旅游发展新阶段。旅游已经成为老百姓的日常生活选项，也是人民生活水平提升的重要指标。预计今年将分别有 40 亿人次和 1.25 亿人次的境内旅游和出境旅游市场，到 2020 年全面实现小康社会的时候，这两个数据将分别达到 60 亿人次和 2 亿人次。如此规模的旅游市场将是"一带一路"现实的客源基础。与此同时，新丝路的战略构想及其所推动的航空、铁路、港口、高速公路等基础设施的建设与完善，也将有效提升沿线旅游目的地的基础设施建设、可进入性和宣传推广工作。作为古丝绸之路起点的陕西，我们需要从国家战略和旅游发展两个角度来把握新丝路带给我们的新机遇。

主持人：谢谢戴斌老师。在我们寻找历史出发点的同时，难道我们只能坐而言，不能起而行吗？错了，有一位嘉宾，他早就在起而行了。在去年夏天的时候，他就踏上了"丝路万里行"的采风之旅，在沿路的风光之中，很多的点点滴滴，他深有体会。就我旁边的云儒兄，请问在踏上这条路的途中，有哪些是你想象不到的是地方？

实录

肖云儒： 让我始料未及的是"四热"。一是丝路很热乎。从霍尔果斯到意大利罗马，我用我的手机拍到了18张有丝路标记的图片，其中有博物点上的丝路示意图、丝路定点宾馆和丝路咖啡吧，真热乎。

其次，丝路上的人很热情。我们这个媒体团，格鲁吉亚的总统、总理分别两次向我们表达了他们想要通过媒体传达他们热盼加入丝绸之路的愿望。在意大利市政厅，罗马市市长欢迎我们时，也表达了同样的意愿。他们的前总统还发表了三分钟的视频讲话，说"从马可波罗开始到现在，罗马与长安想沟通的愿望今天终于实现了！"行进过程中，有很多在中国留学、在中企工作的当地人民争相给我们当志愿者，为我们开车，送面包和盐，咖啡和茶，提供各种服务，那热情都让我们感动。

再次，就是丝路的经济正在热销。在土耳其安卡拉和伊斯坦布尔这一段我们是坐火车去的，我们中国援建的国外第一条高铁已经通车。我们还在希腊的比雷埃夫斯港参加了欧洲第三大集装箱码头建成仪式，我们离开后不久，李克强总理就到那里签订了匈比铁路的修建协议。这条快线铁路从匈牙利直达地中海，意味着我们的物流可以从西安出发直达地中海，战略意义是非常大的。

最后，丝路上的文化正在形成热流。世界非物质文化遗产共有679个，丝绸之路沿线占了1/3还多。丝路旅游正在掀起热潮，由于路程相距遥远，许多旅游线路一开始就是高端的、订单式的，我对丝路旅游非常有信心。

主持人：掌声谢谢云儒大哥。丝绸之路连接了东西端的艺术交流、文学交流，从这个层面来讲，我今天要特别请教蒋子龙先生，从您的角度来看，您有哪些心得与观察？

蒋子龙："新丝路"是雄心万丈的战略构想，要实现这种构想，至少要具备三个条件。第一，国力强盛。中国有一种智慧，叫"温故知新"，千年丝路的诞生，离不开强大的西汉帝国与汉武帝。西汉时有一句名言，"犯强汉者，虽远必诛"。西汉的强大也离不开张骞、卫青、霍去病等军事天才。即使如此，由于西汉末年的国力衰弱，丝绸之路被中断了长达半个多世纪，到了东汉，丝绸之路才得以重新打开。第二，商品发达，不是经济发达。商品与工业的发达是我们在丝绸之路上贸易往来的关键。第三，社会安稳。古丝路的经验告诉我们，战乱、内乱会造成丝路中断，所以各个国家安稳、和平，才能保障丝路畅通。

主持人：谢谢子龙大哥，寓意深远啊。其实在这新丝路当中，不仅强调的是国运方面的新机遇，同时强调的是新国民要对自己的文化和历史进行支持。接下来，我想请大可兄从史学的角度来谈谈如何看待新丝路？

张大可：司马迁是我们中国历史上卓越的历史学家和文学家，早在2 000多年前，他就写出了上起黄帝，下迄汉武，贯通历史3 000年的中国通史《史记》。由于有司马迁这样的历史学家，才能发现张骞出使西域的伟大历史意义，并把张骞所了解的西方世界纳入中国历史，写了《大宛列传》，为我们今天重启新丝绸之路提供了第一手详实的资料。

张骞通西域没有带军队，他不是去占领和掠夺，他是和平使者，带去的是丝绸，带去的是金币和货物，所以，他开启的是东西文化交流，因此张骞深受西域人民的爱戴，回国后被封为博望侯。今天，我们重启新丝路，第一，要发扬司马迁和张骞的开拓精神和创新精神，才能做好这篇大文章。第二，我们更要发扬司马迁和张骞不畏艰苦的坚韧毅力，这样才能面对我们重启新丝路可能遇到的各种艰难险阻，我们才能到达胜利的彼岸。

主持人：好，掌声谢谢张先生。他刚才特别说了一句话，张骞通西域用的是中华文化的软实力。在台下，我就看到一位长辈，他应该是今天参与我们这场"对话"活动中年纪最大的长者，他就是"中国大墙文学的奠基人"、著名作家从维熙先生。从老，您今天这么近距离地走进韩城的司马迁祠有哪些特别的感受？

从维熙：我最大的感受是一种感动，当我进入司马迁祠的时候，我的泪水几乎盈眶而出。陕西这个地方，从大秦时代讲，第一次统一了中国，使中华民族成为一个国家，而盛唐时代也在西安，这个地方我已经来了多次，但是这次到司马迁的陵墓还有祠堂来看，我的心里更是充满了感动。韩城躺着伟大史圣司马迁的亡魂，对于一切有文化、有良知，对于中国未来愿意付出全部努力，把文学当作飞鸟而不是当作风筝的文化人，司马迁都是我们应当遵循、叩拜的先祖。

主持人：您的感动使我们这些晚辈更应该反省，您最想给在场的这些年轻人分享的是什么？

从维熙：希望他们能够在人生的旅程中遇见任何困难时，都能拥有像司马迁被宫刑以后对待自己生命的那种精神。正如英国作家萨克雷所说：生活就是一面镜子，你对它哭它也对你哭，你对它笑它也对你笑。我们无论处境多么艰难，都要笑对历史，笑对困难。

主持人：迈进新起点的同时，请五位嘉宾用一分钟告诉我，新的丝路有了，过去那段历史总结我们也知道了，怎么样让新起点发挥他最大的作用，你们都有哪些新的思路？

郑欣淼：陕西历史文化深厚，在中华文明发展中占有重要地位。把文化当做资源的时候，要全面看待我们的资源，要整体来认识陕西文化的深度，要将碎片化的点转化为点、线、面立体化发展。

蒋子龙：丝绸之路首先是文化之路，只有文化才能提升经济的品味，目前中国全社会都在进行文化复苏与文化回归，而"秦岭与黄河对话"这个主题旅游活动本身就是一种文化回归。在现今这样一个发掘文化的背景下，新丝路的前景具有文化成功的可能性。

肖云儒：对陕西来说，丝路的文化项目，第一，应该打造一个新丝路人才培训基地，建立丝路高校联盟；第二，新丝路的提出为西部艺术、西部电影走向世界提供了一个崭新的历史机遇；第三，建立丝路非物质文化遗产保护联盟。文化沟通是民心相通的重要内涵，文化会为丝路的物流、人流、资金流提供雄厚的先导力量。

张大可：在中国历史上影响历史大变的有韩信的《汉中对》、张骞的《西域对》以及诸葛亮的《隆中对》。我认为习总书记提出的"一带一路"，可以称为中华民族的《复兴对》，是超过历史上的三大"对"的。要做好丝绸之路就要盘点我们几千年的文化文明，建立我们中国人的文化自信。

戴斌：陕西是旅游资源大省，是我国旅游发展进程中极具标志性的地方，特别是在入境旅游时期，以兵马俑、华山为代表的观光型产品极具竞争性。可是今天老百姓出去旅游要的是小而新，要的感觉就是"大白"。

在大众旅游发展时代，观光需求仍然是基础，但是游客更加强调对目的地

▲韩城龙门摆渡

实录

\

39

生活环境的深度体验。中国旅游研究院每个季度都要开展全国游客满意度调查，从游客对包括西安在内的 60 个样本城市的评价来看：目的地之间的竞争已经从资源和产品的竞争，走向生活环境的竞争。站在旅游发展的新起点，我们不能一味地吃"二老"的资源饭了，就是老天爷留给我们的自然资源和老祖宗留给我们的历史文化资源。总是靠"二老"，会越来越跟不上趟儿的。得依靠资本、技术、人才和文化创意来驱动休闲度假时代的旅游发展，要面向世界、面向科技、面向未来。衷心祝愿我们陕西既要大又要小，既要老又要新。

主持人：就像您讲的那样，我觉得陕西不怕老，老可以老而弥坚，如何老而弥坚，关键就在于新的思维、新的思路。"秦岭与黄河对话"其实是旅游与文化的交流，同时也是旅游供给方式和市场需求的融合。我想，每一次对话都为我们带来了新的思路和新的感受。那今年又是"美丽中国·丝绸之路旅游年"，围绕"一带一路"建设，我们如何更好地开启丝路旅游"新旅程"？首先我们有请旅游业权威专家戴斌先生来发表您的一些观点。

戴斌：今年是"丝绸之路旅游年"，我想国家旅游局确定这个主题口号的时候，是想让更多的沿线国家的人民，沿着丝绸之路更加自由、更有尊严、更有品质地来往。伴随着国家经济社会发展，2014 年我国以 10 万亿美元的 GDP 而位居全球第二大经济体，特别是出境旅游的高速增长，现在中国已经稳居全球最大的出境旅游客源国和海外旅游支出国，旅游外交更加活跃。无论是双边和多边的平台搭建，还是国际旅游组织的合作，都在进入全新的发展阶段。与东盟各国的大湄公河次区域（GMS）、与日本和韩国的三国旅游部长会议机制、与朝鲜和俄罗斯的图们江旅游特区，以及孟中印缅经济走廊、上合组织、亚太经合组织等多边框架下的旅游合作的务实推进，已经为丝绸之路经济带的战略合作奠定了坚实的平台和机制基础。

而在此过程中间，陕西一直扮演着非常重要的角色。陕西旅游的发展如何让大和小相结合，如何让老和新相结合，是我们首要先破解的难题。

我希望在旅游的国际交流合作当中，陕西除了政府的主导以外，要多引入市场主体，让旅行社、酒店、景区、交通运输等企业说话，用商业机制把大家联系起来，才会找到稳定的利益共同点。要充分发挥资本和科技的力量，让区域旅游合作成为大众创业和万众创新的重要推动力量。

主持人：谢谢戴院长，那么肖云儒老师，您是怎么来看待这次丝路新旅程的？

肖云儒：丝绸之路是一条资源十分丰富的路，它有美丽的风光、风俗、风情、山川、饮食和民间艺术。如何将这些美丽资源在现代市场经济中转化为美丽产业、美丽经济，是旅游业要深刻思考的一个命题。不要仅仅把美丽当作软资源，更要将其当作可转化资源、可增值资源、可盈利资源。如果我们的旅游业能从陕西走出去，在西安建成丝路旅游集散中心，辐射丝路，走向世界，这样我们的格局就更大了。

主持人：旅游，其实就是对于地域和文化差异的一种体验和感受，接下来也想请问一下蒋老师您对如何开启"新旅程"有什么观点吗？

蒋子龙："新旅程"实际上契合了当今的社会现实，如今世界已经进入了旅游时代。人们在家里面是浮躁的，一旦出来心反而静下来了。我们老祖宗有一句话，什么叫光阴？光阴就是百代过客，人的生命就是从旅行开始的，人人都在途中。我们现在许多作家都是行走作家，包括我本人，而行走作家的祖师爷就是司马迁。

人要在行走当中寻找故事，故事造就人类，现代人是选择自己向往的东西，在行走中思考、在行走中欢乐。所以，让现代中国人在行走中有所收获，这应该是我们旅游系统的重任。此外，"西出阳关无故人""春风不度玉门关""葡萄美酒夜光杯"这些唐诗一直都在成全着河西走廊的旅游，而这就要感谢文化，这也说明了旅游一定要以文化为灵魂。

主持人：好的，也非常感谢蒋先生的观点。接下来我想请张大可老师，从史学方面谈谈您对新旅程的看法？

张大可：我走了全国很多地方，我觉得韩城的韩塬平川就是一块风水宝地。今天我们从重启新丝路这个战略格局来看，我想提三个建议：

抓住历史机遇，深化韩城景区建设，重新命名打造"中国国家史圣司马迁文史公园"，在韩塬这几十平方千米的大地上，浓缩司马迁《史记》中3 000

年历史的内容，同时纳入张骞开拓丝绸之路的历史内容，将其打造为旅游胜地以及历史爱国教育的基地。同时，在韩城设立高端的文化机构，建立司马迁博物馆、司马迁书院、司马迁研究院，创造条件建一所司马迁大学。

6月22日是丝绸之路成功申遗日，我建议把这一天定为"丝绸之路旅行日"，作为丝路沿线国家盛大的节日，把司马迁的功绩和张骞出发日都放在这一天，建议韩城建立一笔司马迁基金，用来打造文化产品，让司马迁和张骞享誉全世界，也让韩城变得家喻户晓。此外，6月22日以后，在韩城的司马迁研究院向全世界来颁发"东方诺贝尔大奖"，并将其命名为"司马迁文化奖"。

主持人：非常感谢张先生的建议，我们也希望更多的全国文化保护景点能够积极地响应，也能够在推行新旅程开启过程中更多地让利于民，让更多的人去实现"世界这么大，我想去看看"的心愿。郑先生曾主管过全国文化文物工作，之前一直是执掌着故宫博物院，您对"新旅程"的开启有什么建议？

郑欣淼：在21世纪初的时候，故宫一年的游客就由五六百万增加到六七百万，到2009年的时候超过了1 000万，到2012年的时候超过了1 500万，还创造了单日游客18万的记录。游客的增加，说明我们整个国家实力的增强，也见证了旅游业确实是一个朝阳产业。与"新旅程"联系起来，我们古丝绸之路不单纯是一个商贸之路，它也是一条文化交流之路。所以新丝路新旅程的建设，我们应该加大环境的硬投入，加大文化的交流、人文的交流。

旅游业本身是人类文明的体现，这是人本质的需要。我们今天开启的新旅程不仅是一个经济带的建设，同时也是我们中国与国际文化的交流，我们丝绸文化之路的交流，我想也是一个新的起点，所以这个新旅程有着更重要的意义。

主持人：我想最后的时间，5位嘉宾能不能用简单的一句话来总结今天的发言。

肖云儒：中国和陕西通过新丝路华丽转身，陕西的旅游通过新丝路迈向深度国际化，黄河与秦岭的"对话"通过新丝路打造升级版。

张大可：重启新丝路是我们中华文明又一次浮现西方，能够惠及中国和世界人民的重大举措。陕西作为旅游大省应该抓住这个机遇，来开启新丝路的旅

游活动，一定会迎来光辉灿烂的前景。

郑欣淼：丝绸之路是遗产，也是生命的鲜活体。它是古老的也是时新的，它是经济带也是文化圈，新丝路，新希望。

蒋子龙：人不可无梦，梦是现实的一部分。

戴斌：让丝路沿线各国人民都能够更多地参与到旅游过程中来是丝路沿线各国的责任。"文明旅游、健康生活"是我们主题日口号，也是我们倡导的一种旅游理念，最后祝陕西旅游继续引领丝路新时代。

主持人：非常感谢台上的 5 位文化学者和我们一起分享了他们的精彩观点，我非常幸运在我人生当中第一次来到韩城的同时，就上了一堂免费的、非常棒的中华文化历史的大课。最后，我要提出新旅人的概念，没有新旅人的加入，就没有新丝路、没有新起点、没有新旅程。什么是新旅人？新旅人不用担心自己的年岁，不用担心我们的陕西文化有多老多旧，新旅人总是以新的创意、新的视野，带着历史的厚度去捕捉这个时代中最重要的是什么。新旅人坐而言不如起而行，他用他们的双脚踏上新丝路的旅程，并将精彩分享给所有的人，祝福陕西，谢谢！

实录

古城夜色

对话 DIALOGUE

讲述秦岭与黄河对话背后的故事

嘉宾

"对话"嘉宾风采
——2013—2015 三届对话嘉宾简介

2013

肖云儒

    著名文化学者，原中国文学艺术界联合会委员、陕西文学艺术界联合会副主席，一级研究员，国家级有突出贡献专家和省级有突出贡献专家、享受国务院政府特殊津贴，并获推举为陕西省德艺双馨文艺工作者。曾担任文化部国家精品工程评审组成员，陕西书法家协会顾问，中国西部文艺研究会会长，陕西策划协会会长，陕西高级专家协会副会长等职。被聘为中国人民大学、西安美术学院、西安交通大学、西北大学、陕西师范大学等七所大学的教授和博导。先后获得中国图书奖一次、国家"五个一"工程奖三次、大陆广电部"星光奖"两次和中国当代文学研究成果奖等国家奖7次，陕西文艺大奖、艺术成就奖等省级奖12次。他提出的关于散文写作"形散神不散"的论述及关于西部文化与文学、电影的研究成果均写入中国当代文学史、艺术史，影响深远。

徐汎

联合国世界旅游组织（UNWTO）旅游专家委员会委员，旅游市场营销顾问。1979—2000年就职于中国国家旅游局，2001年起担任联合国世界旅游组织（UNWTO）专家委员会委员，主要从事国际旅游市场的调研、评估、预测与旅游规划制定、评审及相关专项研究。

联合国世界旅游组织（World Tourism Organization，缩写UNWTO）是联合国系统的政府间国际组织，其宗旨是促进和发展旅游事业，使之有利于经济发展、国际间相互了解、和平与繁荣。UNWTO是目前世界上唯一全面涉及国际间旅游事务的全球性政府间机构，是旅游领域最具影响力且最具知名度的国际组织，主要负责收集和分析旅游数据，定期向成员国提供统计资料、研究报告，制定国际性旅游公约、宣言等。

张辉

北京交通大学旅游系主任、博士生导师，三秦学者，中国著名旅游专家，享受国务院政府特殊津贴专家。毕业于陕西财经学院，曾任西北大学经济管理学院系主任、副院长等职务，北京第二外国语学院学术委员会委员，旅游发展研究院院长；现兼任北京市旅游协会副会长，旅游局旅游从业人员认证考试领导小组副组长，西北大学、长安大学、内蒙古财经学院兼职教授，中国电视广告艺术委员会副主任、中国旅行社集团决策委员会委员等。获省部级社会科学优秀成果奖一项、三等奖三项。2003年获"新世纪中国改革人物"称号。

嘉宾

吕仁义

侨眷，河南中牟人，回族，西安建筑科技大学建筑学院教授，黄河文化代表，西安市人民政府参事、西安市第十届、十一届人大常委会委员兼城乡建设委员会委员、西安市规划建设管理委员会委员、西安市科学技术协会委员、西安土木建筑学会副理事长、顾问。九三学社陕西省委祖国统一工作委员会委员、陕西省城市规划学会顾问、陕西省穆斯林对外经济文化交流促进会副会长、中国回族文化研究会理事等。近年来，在各种全国性学术刊物上发表多篇学术论文，出版专著四部。1999年荣获全国归侨、侨眷先进个人称号。

沈茂才

秦岭国家植物园园长、陕西省秦岭植物研究院院长、研究员。1995年获中科院突出贡献津贴。由他主持的国家科学技术委员会项目"秦巴山区优势生物资源开发利用和保护"，完成了对秦岭地区优势生物资源的普查，他积极推动了秦岭生物多样性研究保护事业的发展，并在此基础上创建了秦岭国家植物园。

魏小安

　　曾在北京市旅游局、中国社科院财贸所工作，1988 年到国家旅游局，历任国家旅游局旅行社饭店管理司司长、政策法规司司长、规划发展与财务司司长，2003 年 8 月任中国社会科学院旅游研究中心研究员，中央民族大学博士生导师，中国旅游研究院学术委员会主任。现任世界旅游城市联合会专家委员会主任、全国休闲标准化技术委员会副主任、中国旅游协会休闲度假分会秘书长。兼任北京旅游学会副会长、中国科学院地理所研究员，新疆区政府旅游专家委员会主任、海南省政府、陕西省政府顾问等。

　　从事旅游研究与实际工作 34 年，主编及专著 50 种，2 000 多万字。主要有《旅游发展与管理》《中国旅游业新世纪发展大趋势》《目击中国旅游》《旅游热点问题实说》《旅游目的地发展实证研究》《旅游强国之路》《世界旅游宣言》《中国休闲经济》《创造新的文化遗产》等。

嘉宾

周天游

著名历史学家，九三学社社员。原陕西历史博物馆馆长，现西安曲江艺术博物馆馆长，曾任陕西省人大代表，中国人民政治协商会议陕西省委员会委员，中国人民政治协商会议全国委员会第九、十届委员会委员，陕西省对外友协理事，九三学社陕西省委常委兼对台工作委员会副主任，西安市城市雕塑委员会委员。原中国秦汉史研究会会长，中国社会史学会副会长，中国历史文献研究会副会长，中国博物馆学学会理事等。已出版著作有《经史说略》《中国社会史论》等19部。代表性成果有：《八家后汉书辑注》《后汉纪校注》《汉官六种》《秦汉史研究概要》《古代复仇面面观》《西京杂记》《两汉复仇盛行的原因》《历史研究》《二十世纪中国秦汉史研究》等。

贾云峰

联合国世界旅游组织专家、教授。现任中国休闲旅游文化研究中心主任，德安杰环球顾问集团总裁，中国著名旅游营销专家，陕西省旅游局顾问。

被山东省、河南省、江苏省、上海市、贵州省、福建省等省旅游局和中国多市政府、旅游局聘为营销高级顾问，中国国家旅游形象"美丽中国之旅"的海外推广专家团队之一，是中国众多著名旅游品牌的直接参与者或核心策划人，《旅游创新传播学》学科创始人。

李骊明

　　西安市社科院副院长、研究员。主要从事文化旅游策划、历史文化名城保护研究。曾主持和参与西安汉长安城遗址公园、大明宫遗址公园、西安城墙景观系统的保护利用策划，主持大唐芙蓉园旅游开发策划等工作。

2015

郑欣淼

　　文化学者，曾任故宫博物院院长，文化部副部长，政协第十一届全国委员会委员、文史和学习委员会副主任；现为故宫研究院院长，中华诗词学会会长，中国鲁迅研究学会名誉会长，中国紫禁城学会名誉会长，浙江大学故宫学研究中心与南开大学故宫学与明清宫廷史研究中心名誉主任。多年来从事政策科学研究、文化理论研究、鲁迅思想研究；2000 年以来，着力于文物、博物馆研究。2003 年首倡"故宫学"。

嘉宾

蒋子龙

中国当代著名作家，曾任中国作协副主席、天津作协主席，被誉为中国改革文学的奠基人。

1976 年因短篇小说《机电局长的一天》而被文坛瞩目。1979 年发表的短篇小说《乔厂长上任记》震动了文坛。中短篇小说《一个工厂秘书的日记》《燕赵悲歌》《开拓者》《拜年》《赤橙黄绿青蓝紫》《锅碗瓢盆交响曲》和长篇小说《蛇神》《子午流注》《人气》《空洞》《农民帝国》等，均引起强烈反响，先后获得 1979 年、1980 年、1982 年全国优秀短篇小说奖， 1980 年、1982 年、1984 年全国优秀中篇小说奖。出版有《蒋子龙文集》（1 卷—14 卷），多数作品被译成英、法、俄、德、意大利、葡萄牙、西班牙、日、韩等 10 多种文字在国外出版发行。

肖云儒

（详见第一届嘉宾简介）

张大可

中国史记研究会会长，中央社会主义学院教授。主要从事中国历史文献学和秦汉三国史的教学与研究，在这两个方面已发表论文 100 余篇，出版个人学术专著 10 余部，主编论著 20 余种，其中 5 种论著获全国及省级社科优秀图书奖。

主要论著有《三国史研究》《三国史》《史记研究》《史记全本新注》《史记文献研究》《史记精言妙语》《史记论赞辑释》《司马迁评传》《张良萧何韩信评传》，主编《中国历史文选》《中国历史文献学》《史记教程》等。张大可教授代表性论著集中收入《张大可文集》（1 卷 -10 卷），商务印书馆 2013 年推出。

戴斌

经济学博士，教授，博士研究生导师。现任中国旅游研究院院长，院学术委员会主任。主要研究领域：旅游产业经济、旅游企业管理。多次接受中央电视台、新华社、旅游卫视、路透社等境内外媒体专访，先后获得联合国世界旅游组织、教育部、国家质监总局、北京市教育工委、北京市社科规划办等机构颁发的教学与科研奖励。

公开发表学术论文 350 余篇，出版《国有饭店产业重组与集团化管理》《旅行社管理比较研究》《一个大学校长的梦想》《语·路—旅游学术随笔集（一）》《天下—旅游学术随笔集（二）》《城市》等专著、译著、教材、文集等 40 余部，主持国家哲学社会科学基金、国家自然科学基金、各级政府部门和商业机构委托课题 70 余项，专题演讲 600 余场。

从维熙

中国当代著名作家。曾任中国作家协会党组成员兼中国作家出版社社长、总编。1950 年发表处女作《战场上》。1955 年出版第一部散文小说集《七月雨》。

1979 年先后发表和出版的重要作品有《大墙下的红玉兰》《远去的白帆》《北国草》《风泪眼》《逃犯》《裸雪》《走向混沌》等中、短篇小说和散文。其作品注重描写当代中国曾经经历的历史曲折，展示"左"的错误所造成的灾难性后果，被称为"中国大墙文学"的奠基人。截止 2014 年底，作者共出版文学书籍（包括散文、随笔）77 部，约一千多万字。其中的部分作品，除在港台出版外，先后被国外汉学家译成英、法、德、日和塞尔维亚语在国外出版，以丰硕的创作成就被英国剑桥纳入《世界名人录》。

嘉宾

对话
DIALOGUE

讲述秦岭与黄河对话背后的故事

亮点

山河共舞 三秦互动
——2013年"秦岭与黄河对话"活动亮点解读

　　如果说高耸入云的秦岭在天际线上划出龙的飞腾，那么奔涌而来的黄河就是飞腾的龙符号，继而成为每个华夏子孙的心灵徽章；如果说秦岭是"天行健，自强不息"，那么"地势坤，厚德载物"就是黄河的精神，代表着中华民族两种最为重要的人格原型；如果说"父亲"秦岭是屏障，护佑着我们，那么"母亲"黄河则是乳汁，哺育着我们……

　　2013年5月19日，一场深度展现陕西旅游魅力的世纪对话——"秦岭与黄河对话"在秦岭终南山世界地质公园翠华山天池畔盛大举行。陕西卫视和凤

对话
讲述秦岭与黄河对话背后的故事

凰卫视现场直播（录播）了这场精彩对话，陕西深厚的文化魅力和美丽的山水风光，通过这场对话和全方位的媒体传播展现得淋漓尽致。

以文为脉，山与河开启世纪对话

关键词：陕西魅力、山河竞秀

5月19日是中国旅游日，陕西的山山水水洋溢在欢乐的气氛之中。当日上午10点30分，在有着世界罕见山崩奇观特质的秦岭终南山翠华山景区天池畔，联合国世界旅游组织专家委员会委员徐汎、著名专家张辉、吕仁义、沈茂才和著名文化学者肖云儒等，以陕西境内的中国"父亲山"大秦岭、中华"母亲河"黄河为题进行了一场精彩对话。以两幅国画长卷为切入点，主持人胡一虎与5

亮点

位嘉宾通过"仁者乐山""智者乐水""上善乐水""山河共舞"四个回合，全方位阐述了陕西旅游的文化魅力、山水特色、市场张力和广阔前景。每个回合中，专家学者们对秦岭文化和黄河文化的精辟论述与妙语连珠，博得了现场观众的热烈掌声。

陕西地处黄河中上游，灿烂的黄河文明滋润着这方厚土，为陕西旅游业创新发展和魅力锻造提供着取之不尽的文化源泉；秦岭是中国南北气候和地理分界线，也是长江黄河两大水系的分水岭，万峰灵秀和百舸争流的天然景象，为陕西旅游从文化观光型到多元产品体系形成和休闲旅游发展提供了无限的发展空间，秦岭与黄河两大资源护佑着陕西旅游的发展，构筑着美丽中国最瑰丽的符号，使陕西旅游资源始终处于"人无我有"的独特优势。陕西省旅游局主办的这场大型对话活动，其目的就是通过山河互动与文化传播，让陕西旅游更好地走向国际市场。

香港卫视主持人胡一虎用"万峰竞秀、百舸争流"八个字形容了在飞机上俯瞰秦岭时内心感受到的震撼。他坦言："此次活动是我主持生涯到现在非常

难得的第一次，因为是在如此美丽的秦岭之巅展开的一次山与河的世纪对话。"
在他眼中，地处黄河中上游的陕西，是中华文明的发祥地，也是中华文化最集
中的展示区，一道岭、一条河成就天作之合的灵气和大美，这也是陕西旅游的
魅力和活力所在。

　　谈及中国的"国"字中间有个"玉"字，胡一虎说起了中华的"华"字。
肖云儒从说文解字的角度为大家阐释了中华的"华"字与秦岭和黄河的历史渊源。
"黄河和秦岭都是中华'华'字的文字原型，古'华'字中的主十字就是黄河
晋陕峡谷的南北走向和秦岭的东西走向，周边配以很多花叶；轩辕以黄龙为体，
黄龙以黄河为形，以黄为色，中国人是龙的传人，龙和黄河也有着千丝万缕的
联系。"肖云儒还提到一件特别有意思的事情，"黄河从巴颜喀拉山流过来之
后到了陕甘宁高原拐了很大的一个弯，像我们的母亲伸开臂膀，把这块高原搂
在怀里，她偏爱这片高原，用乳汁哺育这块高原，所以黄河中上游成为中华文
化发祥地最重要的一个地方。"

　　徐汎从国际旅游的视野评价了秦岭与黄河的博大精深与地位，她指出："秦

亮点

岭之宏大之绵长之深邃，南北差异之巨造就了生物、气候、人居、文化等多样性，而旅游者最本质的追求就是寻求差异，青睐多元；从旅游的角度看黄河，更重要的不是万丈狂澜，九曲连环，而是黄河所承载的文化、文明、精神，比如壶口瀑布滩头牵着毛驴、头裹白羊肚手巾、唱着信天游的老汉就能让人感受到黄土高坡上的人们面对自然的闲定。而这就是黄河文明的精神与陕西旅游的文化内涵。"

当《黄河之水天上来》的国画长卷缓缓打开时，对黄河文化具有深厚情怀的吕仁义讲述了黄河陕西段的博大魅力，"'黄河之水天上来，玉关九转一壶收'，黄河陕西段的景观特色可以用'雄浑、淳朴、原始'三个词来形容，黄河陕西段有700多千米，集中了中国1/4的元代建筑，也是我们国家唯一一个岳渎相望的地方。其中，包括中游最大的峡谷秦晋峡谷与中游最大的湿地三河口湿地，包括榆林和韩城2座国家级的旅游文化名城，华山、壶口和洽川、龙门、乾坤湾等一批风景名胜区，还有党家村等一大批的古村古镇。"

胡一虎笑称从事了二十多年秦岭研究的沈茂才用在秦岭上的心思比照顾家人要多得多，秦岭的一草一木都是他的宝贝。沈茂才非常骄傲地承认他对秦岭

的无限痴迷："秦岭是中国的中央山脉，7 000 万年前的喜马拉雅造山运动和燕山造山运动逐步形成了今天巍峨壮丽的秦岭，它雄伟、飘逸、神奇、壮美、宛若仙境，是大自然赐给人类的宝贵财富。秦岭不仅调节着我国的南北气候，也是我国南水北调的水源地之一，秦岭有植物 3 436 种、动物 722 种，可以看到其特殊的生物多样性；秦岭有平地、丘陵、高山、浅山、峡谷、森林等多种地貌，海拔的垂直变化可以一日感受到四季的变化。"他举了一个有趣的例子，"一次，我带着科考队员要进山考察十多天，我们的科考队员里既有二十多岁的年轻人，也有六十多岁的老人，开始走着大家感到都很累，后来越走越有劲，六十多岁的老头都不掉队，这就是秦岭负氧离子的神奇魅力。"

文旅融合，陕西这边风景独好

关键词：深度体验

源远流长的陕西文化，均与陕西所处的地域，特别是秦岭山脉和黄河文明息息相关。陕西境内自东往西，由南及北的千里秦岭旅游带上，汇集了我国知名的华山、骊山、终南山、太白山、金丝峡、牛背梁等自然奇观；黄河也对陕

西情有独钟，留下了壶口瀑布、乾坤湾、陕北峡谷、黄河龙门和洽川湿地等著名景观，黄河第一支流渭河，千百年来滋润着关中八百里平川，成就着古长安的伟业和当今陕西的繁荣与昌盛。

谈及陕西旅游的文化魅力，肖云儒说："这大约是一种'五色土'结构：银色的历史文化游首屈一指，了解中国从陕西开始，跪射俑就像打开中国的钥匙；金色的民俗文化游丰富厚重，陕西是全国少有的具备大漠气象、高原襟怀、关中风情与秦巴水韵四个气候带民俗风情之地。同时，绿色生态文化游正成亮点、红色文化旅游占尽风流、彩色的演艺文化旅游正在崛起，形成了点、线、面、体相结合的旅游系统。今年上半年陕西的国内游客已经超过了1亿人次，陕西的国外游客达到了100万以上。所以我觉得，陕西旅游之魅力正是吸引全球和全国游客来到这最内在的因素。"

徐汎对陕西在文旅融合上做出的成效进行了独到的点评，她认为，"在体验经济的时代，旅游者已经不满足于走马看花式的观光，他们要求深度体验，经历所到之处独特的历史、文化、习俗。真实性正在成为越来越多经历型旅游者选择目的地的重要动因。如何真实而适度地展示历史，陕西的兵马俑、华清池、汉阳陵都是值得借鉴的。临潼华清池有三千年历史可考，开放多年，仍保持了古代离宫九曲回廊，温泉汤池的基本格局，近代挖掘并展示的古代汤池遗址，既有沧桑感，又有遐想的空间。晚间的大型实景演出《长恨歌》，演绎了'上穷碧落下黄泉，两处茫茫皆不见'的凄美爱情故事，其恢弘的场景、绚丽的服装、跌宕的音乐，都展示了陕西独特的历史文化。华清池给我们的启示是，适度表现陕西旅游文化内涵要敬畏历史、传承文化、理性开发。"

展望陕西旅游的未来时，张辉特别强调了要构建多元的旅游格局，"可以说陕西旅游在中国旅游是有厚重的一笔的，特别是在80年代中国旅游发展的起步阶段，也奠定了中国旅游发展的格局，我们是以历史文化，黄河文明来展现给世界和国人的。随着中国国内旅游的发展，随着工业化和城市化的发展以及旅游休闲时代的到来，陕西大秦岭的山水文化将成为陕西旅游发展的重要突破口。陕西旅游下一步应该形成山、水、河这样一个历史文化相对应的旅游大格局，尤其是和现代人的生活结合在一起，这样陕西旅游会更加魅力无穷。"

"对话"精彩之处，胡一虎用"撩咋咧""美得很"这两句地地道道的陕西方言表现了对秦岭与黄河的万千敬仰。"黄河的水和刘德华的'忘情水'是不一样的，它是'动情水'，看到黄河，就引起了许多人的民族自豪感，对黄河蜿蜒曲折的亲近感，虽然黄河之水天上来，但是到了地面上之后却存有'私心'，因为有分别，陕西的风景就比其他省份独特。"他倡议，千里之行始于足下，如果要逛逛美丽的中国就从美丽的陕西开始，黄河一直在这里，秦岭一直在这里，

陕西在等着海内外的华人来寻根。

对于此次活动,张辉做了精彩点评,"秦岭与黄河对话,更多地表现在自然形态和历史文化间的对话,表现为中国旅游和中国文化的一种发展方式。旅游更是一种新文化现象,它是在一种工业的生产方式下,创造的新的生活方式,所以对于陕西旅游来讲,把秦岭,把黄河作为一种文化形态展现在世界面前,反映了世界旅游发展的历史潮流。"与此同时,他认为,陕西旅游在中国来讲极具竞争力,未来的旅游关键是要创造一种新的旅游产业格局和服务格局。

创意为王,陕西迎来旅游营销新时代

关键词:文旅互动、主题营销、打造品牌

为加快培育大秦岭人文生态旅游度假圈,做大做强陕西旅游经济,助推"三个陕西"建设以及国民旅游休闲时代的到来,陕西省旅游局提早就开始谋划本次中国旅游日的营销方法。陕西省旅游局局长杨忠武倡议以"秦岭与黄河对话"的形式,整合全省旅游资源优势和产品特点,开展大规模的主题营销活动,让旅游与文化互动,使旅游业与哺育自己成长的秦岭与黄河交融,在山河互映、文化交织中通过"对话"活动集中释放陕西旅游的魅力,实现影响力倍增和客源市场大辐射。

2013 中国旅游日陕西省主题活动分为七大类共 15 项活动举行，除秦岭终南山世界地质公园翠华山天池畔举行的这场"秦岭与黄河对话"主题活动外，华山、壶口瀑布、关中民俗博物院、黄河魂、金丝峡、乾坤湾等 18 个黄河沿岸和秦岭山系景区也在 5 月 19 日上午同步举行了互动对话。其中，西北农林科技大学博览园上演了"农耕文化与现代文化的对话"和以蝴蝶为主题的文化活动；合阳县处女泉、黄河魂、福山、黄河湾等景区以"黄河最美在洽川"为主题，策划安排了"爱在洽川，天长地久"、"保护湿地，关爱洽川"万名志愿者签名、"书画名家咏洽川"等 6 项系列活动。

"秦岭与黄河对话"系列活动，同时还在全省 12 个市 (区) 的繁华地段及各个景区开展联动。各个市 (区) 旅游局组织了丰富多彩的宣传咨询、公益惠民活动，组织全省 100 多个景区参与活动，推出了 200 多条具体优惠措施，特别是代表各市区的 18 个参与"秦岭与黄河对话"活动的景区在 5 月 19 日实行半价门票，并开展了"陕西旅游百事通"有奖问答活动、陕西旅游影像征集活动、"对话名人，荐美家乡"活动、"父亲山对话母亲河"微博大赛等，营造全社会关注、支持、参与陕西旅游业发展的良好氛围。

5 月 19 日上午，陕西省旅游局在西安大雁塔南广场举行了"秦岭与黄河对话"启动仪式，华山、壶口瀑布、关中民俗艺术博物院、黄河魂、中华石鼓园、司马迁祠、金丝峡、乾坤湾、楼观台、白云山、紫柏山、处女泉、宁陕蒿沟、榆林佳县黄河漂流、咸阳海泉湾、铜川药王山、杨凌创新园、示范园等景区 (点) 向市民和游客发放门票优惠券。同时，全省更多旅游单位也针对"中国旅游日"实行门票优惠活动，黎坪、药王山等多家景区实行了门票半价优惠。

启动仪式上，陕西省旅游局杨忠武局长说："秦岭与黄河是中华文明和'美丽中国'的两大名片，是承载陕西旅游发展的根基，是滋养陕西旅游成长的源泉，更是赋予陕西旅游精气神的血脉所在。通过'秦岭与黄河对话'，全方位展示陕西的历史文化之美、自然生态之美、人文精神之美，扩大'山水人文·大美陕西'的感召力，进而塑造陕西旅游新品牌，推动陕西旅游走向全国、迈向世界的步伐。"

亮点

全域采水　传播文化

——2014年"秦岭与黄河对话"活动亮点解读

2014年5月19日，当第4个"中国旅游日"到来之际，陕西省旅游局再次创意一场以"丝路文明"为主题的秦岭与黄河世纪对话，在添彩"中国旅游日"的同时，进一步彰显和提升了陕西旅游的美誉度。

采集江河大爱　播送生态文明

关键词：150人、3天、6 000千米

5月18日下午，一场别开生面的"江河融水"行动在华山景区生态广场举行。由150人兵分四路，行程6 000千米在陕西全省境内采集的24条江河水样在这里融合，并由文化名人、自驾团队、媒体记者代表一起送上西岳华山，浇灌珍稀树种"华山松"，彰显了江河大爱、生态文明、人与自然和谐共生的理念。

融水现场，当LED大屏幕上一一定格出采风团采水画面与视频的时候，当倾注了爱心与汗水的水样交汇在一起的时候，许多自驾采风团的队员热泪盈眶。

"非常有意义，很累但是很值得，很快乐也很幸福。""我想，这次活动将永远深藏我的心底并且成为永恒。""关注公益环保并且身体力行将这份大爱传递下去，也希望这种活动能够多组织一些。"当问及此行的感受时，队员们略显疲惫的脸上都洋溢着快乐的笑容，也一再感染打动着现场所有人。

"秦岭与黄河对话"活动已进入第二届，活动举办形式实现重大创新。今年，陕西省旅游局在举办主场活动前，首先启动了一场"穿越大秦岭·聆听黄河风"大型自驾采风取水公益活动，采取新闻媒体互动，社会志愿者参与、旅游名人采风、各地江河联动的方式，大规模传递环保爱心，从而在全国开创了旅游业省境取水融水的先例。

本次活动于 5 月 16 日在西安启动，3 天时间内，由旅游媒体组成的四条自驾采风取水团先后走进陕西省境内的黄河、丹江、渭河、黑河、浐河、汉江、嘉陵江、汶水河、岚河、窟野河等江河采集水样，这些水样包括进京之水、引汉济渭之水、西安人生活用水等江河之水。

行进过程中，各队文化名人在沿途传播江河文化，各自驾团全程进行微博、微信直播，实现了传播效果最大化。与此同时，自驾团队当中不少摄影爱好者及微博达人拍摄的陕西特色的山水人文景观、游人不文明行为、河流源头污染等照片一经网络、微信、微博等传播，也引起了不少网友对生态环保的广泛关注。

本次活动得到了陕西各市县旅游局及景区的大力支持。凤县、丹凤、石泉、金丝峡、瀛湖、太白山、洽川、

黄帝陵、柞水溶洞、熨斗古镇……自驾采风取水团所到之处均受到热情的欢迎，龙舟取水祭河神、红绸接力取水、取水仙子助力取水等活动充分展示了陕西各地底蕴深厚的水文化，羌族歌舞、跑旱船、扭秧歌、威风锣鼓、竹竿舞等丰富多彩的民俗文艺活动则全面展示了陕西的民俗文化的博大精深。

在采风团取水过程中，延安黄河壶口瀑布、洽川景区、金丝峡等各大景区都在第一时间内发布了自驾团在当地取水的消息，并希望借助本次活动平台，展示当地文化，传播生态文明，保护绿色生态，倡导快乐旅游。

为了真正让环保理念深入人心，各自驾队还组织了丰富多彩的环保公益行动。其中，渭河采风团每到一处景点，都会自发组织捡垃圾等环保公益行活动，并且对表现突出的前五名队员给予一定的奖励。同时，队员需用空的瓶子才能换取新的矿泉水，种种做法激发队员参与环保公益行动的热情，继而影响他人。

与此同时，跟随旅游媒体采风团一起参与取水的文化名人也采取各种方式宣传生态环保理念。其中，跟随汉江取水之旅的著名作家王若冰目前正在筹划一部以汉江为蓝本的文学作品，他计划将此行搜集到的素材用纪实文学的方式展现出来，倡导生态文明理念。

西安摄影家协会成员郝健此行原本计划在采风途中拍摄一些游人不文明行

为、河流源头污染的照片，以**警醒**人们保护生态环境，倡导文明出行。然而，此行却让郝健有点"失望"，他表示，自驾团所到之处的褒河、汤峪河、黑河等水资源没有污染，景区内也尚未发现游客的不文明行为，所到之处皆是青山绿水。于是，他将这些保护水资源的成功经验用镜头记录下来，通过网络、微信、微博传递出去，呼吁行业内相互学习借鉴。此外，随行的西安户外救援队队员也在景区内为队员及游客普及户外自救知识，以减少户外运动风险。

为了更有力地传播公益环保理念、宣传陕西旅游，活动组委会还在中国旅游报陕西记者站设立新闻中心，每天与行进中的各自驾团进行微博、微信实时互动。自驾团每天都将行进过程中的所见所闻以图文、影像的形式传送给新闻中心，以便第一时间对外发布活动。

"丝路"为线　串联山情水韵
关键词：西岳眺望、驼铃声声、丝路情怀、山河回响

2014年5月19日上午，雨后初霁的华山云雾缭绕，翻腾的云海变化迷离，一派天然的水墨画景象。华山北峰观日出平台上，一方"秦岭与黄河对话"的巨型石雕与华山的雄浑秀丽相得益彰。

上午10:30，黄河之滨，秦岭之上，华山之巅，一场陕西旅游时代的"新华山论剑"——"秦岭与黄河对话"荣耀上映。本次对话的主题是"丝路文明"，整场对话共分"西岳眺望、驼铃声声、丝路情怀、山河回响"四个篇章，通过电视、网络等媒体的立体式互动，精彩地展示了丝路起点陕西的人文美、自然美、文化美和现代美。

本次"对话"活动由凤凰卫视著名主持人王鲁湘主持，世界旅游城市联合专家委员会主任、全国休闲标准化技术委员会副主任魏小安，著名历史学家、原中国秦汉史研究会会长和陕西历史博物馆馆长周天游，联合国世界旅游组织专家、中国休闲旅游文化研究中心主任贾云峰，以及著名专家、西安市社科院副院长李骊明担任对话嘉宾。

对话活动伊始，一段粗犷原始的华阴老腔将观众带入历史的深度，主持人王鲁湘从中国的"父亲山"大秦岭与"母亲河"黄河引出了"襟带山河"的古语。

亮点

他幽默地表示，"大秦岭是我们的衣襟，黄河就是我们的腰带，在衣襟和腰带之间这个腹地是关中，同样也是中华文明的腹地，肚脐眼就是长安，这一山一河见证中国历史的变迁，也见证了中华文明数千年的传承。"

以秦岭与黄河这一见证中国历史变迁和人类文明传承的"一山一水"，周天游重点介绍了陕西悠久的历史与西安建都史；李骊明从文化角度阐述了秦岭、黄河和陕西与中国的自然传承关系；魏小安站在全国的角度，从旅游资源、品位、交通、基础设施四个方面论述了陕西旅游"有说头、有看头、有玩头、有搞头；"贾云峰则以"行走在陕西大地上的感知"为题，结合自己的切身感受，讲述了秦岭与黄河的独特魅力。

丝路文明作为华夏文明的一部分，多年来始终被人们所传颂。以"驼铃声声""丝路情怀"为题，对话嘉宾从古丝绸之路对世界旅游格局变革的作用及影响，张骞、班超、玄奘等对丝绸之路开拓过程及历史的贡献，丝绸之路对世界文化史的作用与贡献以及丝绸之路对民俗文化和关中文化的影响等进行了阐述，为观众描绘了一幅波澜壮阔、质感厚重、色彩斑斓和魅力四射的陕西丝路历史与文化旅游大画卷。

自习近平总书记在出访中亚四国时提出共建"丝绸之路经济带"倡议后，古老的陕西历史文化彰显出更大的新魅力，做大做强丝路经济、突破旅游发展

成为陕西建设丝绸之路经济带的热点话题。

　　围绕新的历史机遇下陕西旅游如何乘势而为，对话嘉宾从规划建设、区域联合等助推丝路旅游发展提出设想和建议。同时，从游客角度就如何改变文物展示方式、加强文化体验进而让历史文化活灵活现，以及政府、企业、市场在加快丝路旅游发展中的角色提出了精辟而又独到的观点。

　　魏小安建议，"多年来丝绸之路发展很难形成产品，丝绸之路文化的发展应该是节点式延续，但是我们现在需要一个总体概念，建议由陕西发动、西北联合、中国提出，与中亚、西亚乃至欧洲的国家一起策划'丝绸之路国际旅游日'。""丝路旅游开发，一定要国际化定位、项目化落地、产业化崛起、品牌化突破，倡议成立丝绸之路的营销平台，从海上丝绸之路、陆地丝绸之路达到空中丝绸之路。"贾云峰表示。

亮点

对话

讲述秦岭与黄河对话背后的故事

　　王若冰在华山之巅观看了这场"对话"。他说，采取这种形式在华山之上围绕旅游进行"论剑"，既是创新又有影响，希望这种对话能够成为品牌，长期坚持下去。张骞纪念馆领导王亚萍参与"对话"并与主持人进行了互动。凤凰卫视、陕西卫视等媒体全程直播（录播）了对话活动。

亮点频出，陕西这边风景独好

关键词：多元营销、创新方式、立体传播

　　本次"秦岭与黄河对话"大型文化主题活动亮点频出，通过多元素的营销活动向国际传播陕西之美，成为务实营销陕西旅游的一种创新力量。

　　5月9日上午，唐华宾馆生态庭院内，湖水碧波、风光绮丽。洁白的天鹅舒展着翅膀在湖面上悠然自得，优雅的孔雀抖擞着七彩羽毛在舞台旁边的树枝上尽情舒展风姿。生态湖边，身着华丽服饰的唐仕女长裙飘曳，曼舞轻飏。在古典而又清新的唐风唐韵中，一场极富创新元素的水上新闻发布会拉开了2014"秦岭与黄河对话"的序幕，也使本次活动得到了各界的广泛关注。

　　此外，从本次活动Logo征集、"穿越大秦岭·聆听黄河风"大型自驾采

亮点

风取水系列活动、"保护华山松"秦岭生态安全公益行动、中国旅游日陕西省启动仪式到"秦岭与黄河对话"主题对话，各种亮点纷呈的分项活动都使得本次主题活动传播效果获得了最大化效应。

这场由陕西省旅游局主办，凤凰卫视、陕西卫视、西北旅游文化研究院和华山风景名胜区协办的大型对话活动，受到了国内外的广泛重视，新华网、人民网、央广网、凤凰网、新浪网、网易、腾讯网、中国日报网、中国经济网、中国旅游报、香港文汇报、陕西日报、华商报、三秦都市报、《西北旅游》杂志等媒体全面聚焦本次活动盛况。据不完全统计，仅在百度键入"秦岭与黄河对话""穿越大秦岭·聆听黄河风""自驾取水"等关键词，便可搜索到相关新闻稿件近千条，以"秦岭与黄河对话"为话题的微博辐射面更是达到数千万之多。

陕西旅游的发展始终追求产业正能量的汇聚和在突破中创新。"秦岭与黄河的对话"是陕西省旅游局在新时期为加强旅游推广、促进文旅融合、提升陕西旅游美誉度而创新策划的每年"中国旅游日"陕西省主题活动。2013 年 5 月

19 日"中国旅游日"，陕西首次以"秦岭与黄河对话"的文化创意，向旅游市场展示了"山河竞秀"的陕西旅游新格局、新风貌，获得了国内外旅游市场的广泛好评。

谈及"秦岭与黄河对话"的创意，陕西省旅游局局长杨忠武表示，"秦岭、黄河和丝绸之路不仅是陕西人文地理的核心形象和影响中国历史乃至世界历史文化标识，同时也是我们非常珍贵的文化旅游资源。做大做强秦岭、黄河和丝绸之路旅游，必将开创陕西旅游业的辉煌时代，也将为中国旅游业的发展注入新的活力和强大的动力。"

为了共同庆祝"中国旅游日"，拉动夏季旅游市场，陕西省旅游局在本次活动中还推出了"秦岭、黄河、丝路"旅游线路产品，全省境内也举行了各具特色的系列活动，共同唱响了别具特色的陕西旅游主旋律。

陕西省副省长王莉霞宣布2015年中国旅游日陕西分会场活动启动

沿黄联动 聚焦陕西
——2015 年"秦岭与黄河对话"活动亮点解读

　　2015 年 5 月 19 日，当第 5 个"中国旅游日"到来之际，黄河之滨，"史圣"故里，一场以"新丝路·新起点·新旅程"为主题的世纪对话——2015"秦岭与黄河对话"荣耀上映。陕西卫视、凤凰卫视、台湾东森亚洲卫视首次携手电视传播，沿黄多省区广播电台与众多网络现场直播(录播)了这场精彩对话，众多专家、学者、作家在聆听这场对话之后对其高端式、传播度、文化感、创新性赞不绝口。

非物质文化展演　彰显黄河民俗文化魅力
关键词：黄河文化大展演、"凤追司马·乐游韩城"联谊会

亮点

陕西居于我国中部，秦岭山脉横贯东西，南北两麓诸如华山、太白山、骊山、终南山、天竺山等秦岭名峰、佛教祖庭以及大熊猫、金丝猴、朱鹮、羚牛等世界级自然景观、文化遗产、动植物资源极为丰富，是陕西旅游从文化观光型向休闲度假型转变的重要依托。

"黄河之水天上来"的黄河流经陕西，留下了壶口瀑布、乾坤湾、陕北峡谷、黄河龙门和洽川湿地等著名景观，其中黄河第一支流渭河，千百年来滋润着关中八百里平川，成就了古长安的伟业和当今陕西的繁荣与昌盛。黄河流域不仅山水景观丰富多彩，其淳朴的民风和绚丽的民俗文化也日益受到游客青睐，成为近年来旅游市场新的亮点。

2013 年、2014 年，陕西以"秦岭与黄河对话"的文化创意，分别在秦岭终南山世界地质公园翠华山、"奇险天下第一山"华山之巅向旅游市场展示了"山河竞秀""丝路文明"的陕西旅游新格局、新风貌，实现了陕西旅游影响力倍增和客源市场大辐射。据统计，两届"秦岭与黄河对话"活动影响力覆盖人群超过 4 亿人次，该活动已经成为传播陕西旅游文化魅力的"国际盛宴"，为陕西旅游从文化观光型到多元产品体系形成和休闲旅游发展提供了众多的思想理论源泉。

较之前两届活动重点展示陕西秦岭沿线山水之美的主题，本届"秦岭与黄河对话"移师黄河之滨韩城，不仅在地域性、传播面、参与方式等方面对活动进行了大的提升，也向旅游市场全面展现了气势磅礴、撼人心弦的陕西黄河民俗文化的独特魅力。

5 月 18 日上午 9 时，在国家非物质文化遗产——韩城行鼓雄浑激昂的锣鼓声中，2015 中国旅游日陕西分会场主题活动"秦岭与黄河对话"分项活动"黄河文化大展演"在韩城城隍庙盛大开启。

以韩城秧歌小曲《十想》《上楼台》等组合而成的《韩城秧歌联唱》，旦角动作妩媚、婀娜多姿，丑角刚健悍勇、步态潇洒，优美的歌声给观众呈现出了一幅浓郁的关中乡土风情；表现农民祈福圆满、欢庆丰收的吹打乐《打五元》则演绎了黄河沿岸人民欢庆丰收的喜悦；通过唢呐伴奏的民俗舞蹈《游春》节奏欢快，令人赏心悦目。

韩城民间艺术表演——《背芯子》节目一经亮相，便引起了观众席中的阵阵掌声。六、七尺长的铁杆上，小演员扮演者造型奇特、优美，身着黑斜襟长衫背芯子者步态潇洒、舞姿自如，将整场演出推向了高潮。随后，韩城民俗祭祀演艺《抬神楼》精彩上演，火铳开道，村牌、对联、大号、旌旗紧随其后，十六抬法王神楼赫然出现，锣鼓队敲起震天动地的祭祀锣鼓，神楼左摇右摆，铜环声扣人心弦，呐喊声震谷裂川。

观看了慷慨激昂的黄河文化大展演，著名作家从维熙连用"震撼""感动""会掉眼泪"表达了内心的激动，并表示，"这种粗狂原生态的民俗文化表演更能让人感到'史圣'故里的历史文化底蕴。"

在2015年5月19日"中国旅游日"陕西省分会场的启动仪式上，韩城民间"鼓王"张社华携百余韩城民间艺人表演的雄浑激昂的国家非物质文化遗产——韩城行鼓，更是为本届活动添彩，向全世界传递了陕西灿烂的黄河文化。

本次"对话"承办地韩城是"黄河金三角"地区的历史文化名城和优秀旅游城市，韩城的大禹庙、普照寺、文庙、城隍庙、党家村等都是各个历史年代的文化精品，而司马迁祠更是"中国历史之父"的纪念符号。韩城的文化遗产极为丰富，最具代表性质的有门楣题字、韩城行鼓、抬神楼、秧歌等。目前韩城行鼓、韩城秧歌被列为国家级非物质文化遗产；韩城行鼓、韩城秧歌、韩城抬神楼、司马迁民间祭祀、韩城阵鼓、韩城谏公鼓吹乐、韩城古门楣题字、韩城围鼓、鲤鱼跃龙门传说被列为陕西省级非物质文化遗产名录。

丰富多彩的黄河文化大展演吸引了众多主流媒体的关注，人民日报、新华社、中新社、人民网、中华网、环球网、香港大公报、香港文汇报、中国旅游报、陕西电视台、陕西广播电视台、凤凰网、新浪网、网易、腾讯网、陕西日报、

华商报、三秦都市报、西安晚报、西部网、陕西传媒网、《西北旅游》杂志等主流媒体纷纷关注了本次"对话"活动。多家媒体以"中国旅游日 陕西韩城民间艺术展演抢眼球""'秦岭与黄河对话'文化大演出尽显民粹""传统民俗从娃娃抓起 知历史更要传文化"等为题对黄河民俗大展演进行了大篇幅的图文报道。

史圣故里 畅谈中华文化
关键词：华夏文明、韩城印象

2015 年 5 月 19 日上午，骄阳灿烂，碧空如洗。韩城司马迁祠景区里，宽阔整洁的游步道从景区停车场一路延伸到司马迁祠广场，道路两旁，美丽的月季花芬芳美艳，主题雕塑群生动传神。司马迁祠广场的对话现场上，肃穆傲然的司马迁雕像巍然耸立，庄严而又神圣。

上午 9:00，一场全民旅游时代的"秦岭与黄河对话"全面开启。凤凰卫视金牌主持人胡一虎再次担任"对话"活动主持人。当代著名学者、原文化部副部长、故宫博物院院长郑欣淼，著名作家、原中国作家协会副主席蒋子龙，

著名学者、中国史记研究会会长张大可，著名旅游专家、中国旅游研究院院长戴斌，著名文化学者、全国首位"新丝路"文化传播大使肖云儒担任对话嘉宾。著名作家从维熙、马力、秦岭、王若冰等也受邀参加了本次活动。

　　本次"对话"活动共分"新丝路、新起点、新旅程"三个篇章。对话伊始，胡一虎便表达了对"史圣"故里的敬仰之情，并因司马迁祠西北方向是黄帝陵，西南方向是中国汉字发明者仓颉的故乡白水，再次表达了对韩城这个地灵人杰之地的仰慕。

　　"对话"活动上，郑欣淼从丝路遗产、文化传承、民族精神等方面对新丝路进行了解读，并以故宫为例，就中国文化如何走向世界，进而促进丝路国际文化合作进行了阐述，蒋子龙从作家的角度出发，对文学与旅游结合、丝路文学作品的创作等进行了细致的解读；张大可从司马迁的历史贡献开始讲起，从史学研究、遗产保护、传承丝路精神等方面讲述了旅游发展和历史文化保护与传承的关系和责任；戴斌解读了旅游业与新丝路的关系，并从国家战略和区域旅游合作的角度讲述了"新旅程"的思路和行动计划；结合历时 60 天的丝路万里行经历，肖云儒介绍了新丝路的变化以及丝路文化艺术，并针对丝路教育基

亮点

地建设、文物与非遗保护等提出了建议。

丝绸文明作为华夏文明的一部分，多年来始终被人们所传颂。对话嘉宾从文化、旅游、历史的角度上对新、旧丝路进行了深入阐述，并就新常态下的国际旅游合作、丝路品牌打造、创新旅游发展方式以及促进旅游产业转型升级等进行了精彩论述，还从各自研究和创作领域出发、为讲好丝路故事、做大丝路产品、促进秦岭、黄河区域旅游合作等建言献策，不仅为观众描绘了一幅波澜壮阔、质感厚重、色彩斑斓和魅力四射的陕西丝路历史与文化旅游大画卷，也从文化与旅游相互融通出发，提出了发展思路和行动计划，助推了新常态下陕西旅游的传承创新。

围绕新的历史机遇下陕西旅游如何乘势而为，郑欣淼表示，陕西历史文化深厚，在中华文明发展中具有重要的地位，应该整体来认识陕西文化的深度，而不能是碎片化的点，此外更要注重点线面立体化发展；蒋子龙指出，丝绸之路首先是文化之路，只有文化才能提升经济的品味，目前中国全社会都在进行文化复苏与文化回归，而"秦岭与黄河对话"这个主题旅游活动本身就是一种文化回归；张大可倡议将每年的 6 月 22 日设立为"丝绸之路旅行日"，并设立司马迁基金与司马迁文化奖；戴斌希望陕西能够在推动国际旅游合作、区域旅游合作等方面发挥市场与消费主体的作用和力量；肖云儒则提出在陕西打造新丝路人才培训基地的建议，并希望通过文学艺术与非物质遗产的联盟等方式在文化的基础上为丝路的物流、人流、资金流提供雄厚的先导力量。

"对话"现场最年长的从维熙难掩激动之情，走进司马迁祠，看见司马迁雕塑时，他已热泪盈眶，他说司马迁是一切有良知的文化人，是把文学当作飞鸟而不是风筝的文化人应当叩拜的先祖。陕西不仅造就了人类大一统的大秦帝国，也成就了中国历史上最为鼎盛的汉唐时代，希望大家都到这里来看看，来司马迁祠来看看。他引用英国作家萨克雷的名言："生活就是一面镜子，你对它哭它也对你哭，你对它笑它也对你笑"，他还勉励大家无论人生旅程遇到什么样的困难，都要学习司马迁的生命态度，无论处境多么艰难，都要笑对历史，笑对中国的未来。

"对话"尾声，全体对话嘉宾与现场观众集体为陕西旅游点"赞"，许多媒体记者和场外观众快速举起相机、手机，拍摄下了这一难得的镜头。"对话"之前，还举行了"中国旅游日"陕西省分会场启动仪式，陕西省政府副省长王莉霞出席了启动仪式并宣布陕西省分会场活动启动。

5月18日上午，2015"秦岭与黄河对话"还在韩城文庙景区举办了系列活动——"名家与韩城"交流会，活动共分"心中韩城""寄语韩城""留影韩城""笔下韩城"四大篇章，各位专家、学者分别讲述了他们对司马迁故里——

韩城传统婚俗文化

亮点

韩城的印象，并从各自研究的领域出发，为韩城文化旅游发展建言献策。随后，各参会学者作家还为韩城旅游作诗题词，留下了珍贵的墨宝。

携手前行　创建立体传播新模式

关键词：生态新闻发布会、两岸三地、立体传播

继 2014 年"秦岭与黄河对话"水上新闻发布会后，2015"秦岭与黄河对话"的新闻发布会选在了风光如画的曲江新区户外草坪之上。绿草如茵、大树参天、风光绮丽。在古典而又悠扬的轻音乐中，一场极富创新元素的生态发布会拉开了 2015"秦岭与黄河对话"的序幕。当天，古城西安万余辆出租车顶部广告震撼亮相，新闻传播度达到了家喻户晓、人尽皆知。

较之往届活动，今年"对话"活动出现了黄河、秦岭旅游首次大聚会，大陆、香港、台湾三地卫视首次携手大传播，黄河沿线省级电台首次大互动，名家论剑与旅游产品推广相得益彰等诸多亮点。来自陕西、河南、山西等黄河、秦岭关联省区旅游局和多省区 80 家旅行商代表参与了对话互动，形成了中国旅游业界首次秦岭与黄河区域大聚会和大融合的创新亮点；黄河沿线省级电台代表莅临现场，并成立了"沿黄广播电台旅游推广联盟"，为今后沿黄各地旅游捆绑式宣传推广提供服务。

为了打造陕西旅游"升级版"，今年"对话"活动突出了新媒体传播互动、沿黄各省级电台同步连线直播，大众媒介共同参与和邀请台湾东森亚洲卫视全程录播、10 次专题播出的传播效应。在当日举行的"秦岭与黄河对话"现场，两岸三地 20 多台高清摄像机、80 多名大陆、香港与台湾的电视摄像人员和各台编导、策划、技术人员紧密配合，携手服务于现场录像和讯号传输，而在网络、广播直播区内，来自腾讯·大秦网、中华网、第一旅游网、西北旅游网和山东、河南、山西、陕西、甘肃、青海广播电视台的电台直播机位也是异常忙碌，首次联合演绎了网络与沿黄河各省区广播电台同步直播与连线，从而使"秦岭与黄河对话"的声音传遍了沿黄各地和秦岭山系。据介绍，预计活动影响力覆盖人群将超 5 亿人次。

此外，从"探秘韩城·聆听对话"自驾采风启动仪式、"风追司马·乐游韩城"联谊会、"黄河文化大展演""名家与韩城"交流会、"新丝路、新起点、新旅程"旅游推介会、2015 中国旅游日陕西省分会场启动仪式到"秦岭与黄河对话"主题活动，各种亮点纷呈的分项活动都使得本次主题活动传播效果达到了最大化。

这场由陕西省旅游局、韩城市人民政府主办，陕西卫视、凤凰卫视、东森亚洲卫视、西北旅游文化研究院协办的大型"对话"活动，受到了国内外的广泛重视。陕西省旅游局局长杨忠武在"对话"现场接受《中国旅游报》采访时指出："秦岭与黄河对话"是陕西致力于建设陕西旅游"升级版"的重要载体之一，它将与一年一度的中国西北旅游营销大会、中国西安丝绸之路国际旅

韩城文庙

亮点

85

游博览会一起，组成陕西面向国内和国际旅游市场宣传推广的三大平台，助推陕西旅游提档升级。他同时表示，将于 6 月中旬在西安举行的丝绸之路经济带旅游部长会议暨第七届联合国世界旅游组织丝绸之路旅游国际大会，也将为陕西旅游国际营销创造更多新机遇，陕西省旅游局将在不断创新和拓宽合作视野中擦亮"丝路起点"金字招牌，努力为旅游市场创造更多"新惊喜"。

为了共同庆祝"中国旅游日"，拉动夏季旅游市场，当天陕西境内也同步举行了各具特色的旅游主题活动，包括 2015 行游西安徒步大会（临潼站）暨西北绿地万人健步公益活动、缤纷五月·悦动古城—2015 西安城墙文化展演活动、2015 中国秦岭天竺山登山节、少华山国家森林公园"文明旅游"主题活动、杨凌农博园蝴蝶文化季暨蝴蝶文化夏令营启动仪式、大巴山—千层河、神河源徒步穿越活动等，金丝大峡谷特别建设的徐霞客广场也于当天对游客开放。此外，全省各地还推出了丰富多彩的旅游惠民措施，鼓励城乡居民参与旅游行动。

秦岭·天竺山

对话
DIALOGUE
讲述秦岭与黄河对话背后的故事

声音

媒介声音

对话
讲述秦岭与黄河对话背后的故事

秦岭与黄河开启世纪对话

横卧在我国中部的秦岭山脉素有中国"父亲山"的称谓，而与秦岭遥遥相望的黄河，则自古就有华夏"母亲河"的美名。大秦岭的博大身躯千百年来护佑着三秦大地，而慈祥和无私的黄河，则用万古流芳的大爱，哺育着华夏文化和中华文化，滋润着陕西这块文化厚土，成就着陕西的前世和来生辉煌。

2013年5月19日，当全国迎来第三个旅游日之时，陕西省旅游局局长杨忠武亲自开启一场秦岭与黄河穿越时空的世纪对话，将在古老的三秦大地隆重上映。

山河交融，共同织就美丽陕西

陕西位于我国中部，历史上曾是十四个朝代的建都地和全国政治、经济文化交流中心。中华历史上最辉煌的时代，均与秦岭与黄河呵护着的陕西有关。走进文化厚重、古迹遍布的陕西大地，海内外旅游者都会在震撼中发出惊叹——不到陕西，就如同没到中国。

源远流长的陕西文化，均与陕西所处的地域，特别是秦岭山脉和黄河文明息息相关。绵延千里的大秦岭，是世界上文化最厚重的历史名山，而孕育华夏文明、诞生中国文化的黄河，更是世界著名的文化长河。秦岭与黄河长期滋润的陕西大地，依托历史文化服务现代文明，在文化与旅游互动共荣中始终追求新的突破，也为旅游市场送出了一次又一次新的惊喜。目前，以秦始皇帝陵博物院、华清池、黄帝陵、法门寺、乾陵、汉阳陵和延安革命旧址群为重点的陕西文化景区在国内外旅游市场享有盛名，而以《仿唐乐舞》《长恨歌》等为代表的旅游文化精品均已成为中国旅游业的文化名片。

大秦岭是中国南北气候分界线和长江黄河水系的分水岭，自东往西，由南及北的千里秦岭旅游带上，汇集了我国知名的华山、骊山、终南山、太白山、金丝峡、牛背梁等自然奇观，万山竞秀，百舸争流是大秦岭风光无限的真实写照；黄河流入陕西也情有独钟，留下了壶口瀑布、乾坤湾、陕北峡谷、黄河龙门和洽川湿地等著名景观，黄河第一支流渭河，千百年来滋润着关中八百里平川，成就着古长安的伟业和当今陕西的繁荣与昌盛。

山与河的交融，为陕西注入了无限活力和生机，也让今天的陕西旅游业魅力永驻，美丽永恒。山河对话，释放陕西创新力。

陕西旅游的发展始终追求产业正能量的汇聚和突破中的创新特征。当旅游业实现由单一文化观光型产品向人文、自然、休闲、度假体验型复合产品过渡，旅游业态实现立体式、多元化全方位发展，县域旅游示范发展模式大范围推进，旅游产品提档升级全面进入有序运作之时，陕西旅游的再创新又一次大范围启动。

2013年春节刚过，陕西省旅游局便开启了大规模的旅游发展调研行动，局领导和机关干部深入各市县和旅游企事业单位调查研究，探索旅游产业发展路径，研讨解决产业发展中的难点和热点问题。与此同时，为了大规模的拉动旅游市场，在港澳地区旋风式进行文化推广，与各地旅行商拓展渠道合作，大力推荐秦岭人文休闲度假旅游圈和文化旅游产品；在省内大力推进旅游惠民、亲民、便民行动，首次举办了全省春季旅游营销大会，通过省旅游局搭台，旅游企事业单位免费推介和供需双方签约的方法，实现了旅游营销方式的重大突破。同时又针对自驾游趋热的特点，首次设计推出了整合全省山水文化特色，充分满足自驾群体个性需求的"陕西十大精品自驾游线路"，受到社会各界的一致好评。清明、五一小长假期间，陕西各市旅游人数大增，旅游接待人数和综合收入再次实现了高位增长。

面对即将到来的中国旅游日，陕西省旅游局提早谋划营销方法。杨忠武倡议结合"山水人文·大美陕西"的旅游形象，以"秦岭与黄河对话"的形式，整合全省旅游资源优势和产品特点，开展大规模的主题营销活动，让旅游与文化互动，使旅游业与哺育自己成长的秦岭与黄河交融，在山河互映、文化交织中通过"对话"活动集中释放陕西旅游的魅力，实现影响力倍增和客源市场大辐射。

亮点纷呈，更多精彩值得期待

2013年4月下旬，陕西省旅游局全面启动"秦岭与黄河对话"主题营销活动筹备工作，省旅游局领导和机关各处室分工负责，主题活动和各市多景区分

项活动进入紧张有序的筹备阶段。

按照活动安排，2013"中国旅游日"陕西省主题活动将分为七大类共15项，其中包括在西安举行"秦岭与黄河对话"启动仪式系列项目，在秦岭终南山世界地质公园翠华山天池山崩奇观现场举行"秦岭与黄河对话"主题活动，举办陕西旅游有奖问答、影像征集、对话名人、微博大赛五项分类活动，另还将分别在华山、壶口瀑布、关中民俗博物院、黄河魂、金丝峡、乾坤湾等18个黄河沿岸和秦岭山系景区举行互动对话，5月19日上午10:30全省统一启动，凤凰卫视、陕西卫视、众多网络和电台将对活动进行直播或录播，百余家媒体将参与宣传推广。

2013年5月7日，陕西省旅游局召开新闻发布会，对社会公布了245条"中国旅游日"陕西省优惠措施；5月19日，更多旅游单位还在西安现场发放免费、优惠门票，为中国旅游日添彩。

5月9日，记者在承担本次"秦岭与黄河对话"主题活动任务的西安旅游集团终南山世界地质公园看到，公园领导和翠华山景区工作人员以及项目策划单位，已开始勘测"对话"现场，集团公司总经理陈吉利要求，全力做好活动承办工作，以良好的环境和服务向世界展示大秦岭的生态美。

据悉，在当天的启动仪式现场，杨凌农林博览园还将放飞3 519只色彩斑斓的蝴蝶，为第三个"中国旅游日"陕西省主题活动增辉。

（原载《中国旅游报》，作者 王晓民）

踏访丝路旅游带
倾听"秦岭与黄河对话"

毫不夸张地说，中国中学生大都知道"秦岭——淮河一线"的意义，由此中国地分南北，文化及风土人情差异也骤然放大，甚至影响中国大历史中统一与分裂的漫漫走向。而让秦岭和黄河在丝路经济带帷幕下进行激情"对话"，展现出人类文明史上"东长安、西罗马"背景下旅游的永恒魅力，不禁让人感叹："山河竞秀新长安，丝路文明万古传！"

陕西省旅游局局长杨忠武近年来一直在思考旅游与文明的关系。他说，陕西西安（古代长安）是丝绸之路起点，受到秦岭和黄河的天然佑护。丝绸之路从长安出发经甘肃、青海、新疆，远达中亚、西亚、南亚、地中海沿岸等国家和地区，不仅开启了东方中华文明与西方多元文明真正意义上的对话，而且丝路文明由此传承着中华文明开放、包容、互鉴、合作、共赢的精神基因。

据了解，2013年陕西省旅游局首次以"秦岭与黄河对话"的文化创意活动，展示了"山河竞秀"的陕西旅游新格局、新风貌，一定程度上改变了过去人们心目中以文化、文物古迹为主的"黄土＋兵马俑"旅游形象，对秦岭黄河范围内丰富的自然山水等生态旅游资源有了全新的认识，让野外探险、江河漂流和丝路自驾等现代休闲旅游版图得以急剧扩大。

杨忠武告诉记者，为增强人们生态环境保护的意识，在2014年的"秦岭与黄河对话"活动期间，特别策划了"穿越大秦岭、聆听黄河风"大型自驾采风取水活动。5月16日由多家媒体与自驾俱乐部等组成的四个采风自驾团，从不同方向穿越陕西境内，到达黄河沿线、渭河流域、汉江之滨、丹江水系的20多条河流开展取水，并将其汇集华山融水，共同浇灌中国独有树种——华山松，从而让人们在行走大地的过程中与自然、更与自己的精气神魂"对话"。

站在"奇险天下第一峰"的秦岭华山之巅，感受黄河之水越过西岳庙的红墙奔流而来，孕育着华夏族的心腹地带，让夏商周由此开花结果，玉石之路、青铜之路和丝绸之路，建构起工业文明前游牧与农耕的千年咏叹；如今，欧亚陆桥、中国高铁、空中和网络丝路，让古都西安重新拥抱世界，新长安，新丝路，进入移动互联新时代。

中国先秦史学会原会长、著名历史学家周天游说："秦岭和黄河是中华大地上的架构，其对话是开放的、网状的、立体的，没有尊卑高低，只有多元包容和创新。处于这个架构护佑之下的丝路，跟中华民族的命运紧密相连，因为'丝路通，中国兴；丝路断，中国衰'。相对于中国的西方，命运也是如此。譬如陕西皮影，西传欧洲后，就有了无声电影的奇葩绽放。"

世界旅游城市联合会专家委员会主任、全国休闲标准化技术委员会副主任魏小安说，上海－北京－西安－桂林和广州早已是中国驰名世界的经典旅游线路，然而 8 000 千米的丝绸之路作为世界级旅游路线，多年以来就存在很难形成产品的问题。丝绸之路旅游只能是节点式发展。随着丝路经济带的建设，必须把丝绸之路国际化提到更高议事日程，可尝试推动建立"丝绸之路国际旅游日"，从旅游先行的角度实现深层次"对话"。

正是踩着丝绸之路经济带的节拍，陕西省委、省政府不久前明确提出，要构建以西安为起点的丝绸之路风情体验旅游走廊，将其纳入全省旅游业发展总体思路，争做丝绸之路经济带建设的排头兵。

杨忠武说，在充分论证的基础上，我们正在加快编制《陕西丝绸之路起点旅游发展规划》，并以大明宫等文化遗址申报世界文化遗产为抓手，策划开发一批新旅游产品和线路。尤其是首届中国西安丝绸之路国际旅游博览会已经政府批准，将于 2014 年 9 月在西安举办，届时 30 多个国家的旅游机构、旅行商、航空、车船公司、旅游集团、大型景区、特种旅游机构等前来参加，会让"秦岭与黄河对话"在丝路文明的探寻中进一步灿烂绽放。

（原载新华网，作者 李勇、冯国、许祖华）

2015 "秦岭与黄河对话" 丝路建设受关注

2015 年 5 月 19 日，黄河之滨，一场丝路与旅游的世纪对话——2015 "秦岭与黄河对话" 在韩城拉开帷幕。本次活动由凤凰卫视主持人胡一虎主持，当代著名学者、原文化部副部长、故宫博物院院长郑欣淼，著名文化学者、全国首位 "新丝路" 文化传播大使肖云儒等担任对话嘉宾。陕西省政府副省长王莉霞、陕西省委外宣办主任周维军、渭南市市长李明远、韩城市市委书记杨炳拓、市长李智远，以及宁夏、河南等省区代表出席了本届对话活动。

"对话" 活动之前，举行了 "中国旅游日" 陕西省分会场启动仪式，陕西省旅游局局长杨忠武出席启动仪式并讲话，王莉霞宣布 2015 "中国旅游日" 陕西省分会场活动启动，陕西省旅游局副巡视员邵玺元主持了启动仪式。

本次 "对话" 共分 "新丝路、新起点、新旅程" 三个篇章，活动上，郑欣淼从丝路遗产、文化传承、民族精神等方面对新丝路进行了解读，并以故宫为例，就中国文化如何走向世界，进而促进丝路国际文化合作进行了阐述；蒋子龙从作家的角度出发，对文学与旅游结合、丝路文学作品的创作等进行了细致的解读；张大可从司马迁的历史贡献开始讲起，从史学研究、遗产保护、传承丝路精神等方面讲述了旅游发展和历史文化保护与传承的关系和责任；戴斌解读了旅游业与新丝路的关系，并从国家战略和区域旅游合作的角度讲述了 "新旅程" 的思路和行动计划；结合历时 60 天的丝路万里行经历，肖云儒介绍了新丝路的变化以及丝路文化艺术，并针对丝路教育基地建设、文物与非遗保护等提出了建议。

各位嘉宾从文化、旅游、历史的角度上对新、旧丝路进行了深入阐述，并从各自研究的领域出发，透视国家战略、区域合作、文化交流、旅游提升、发展愿景，为陕西旅游 "升级版" 建言献策。不仅为观众描绘了一幅波澜壮阔、质感厚重、色彩斑斓和魅力四射的陕西丝路历史与文化旅游大画卷，也从文化与旅游相互融通出发，提出了发展思路和行动计划，助推了新常态下陕西旅游的传承创新。

2015 年活动现场，媒体采访著名作家从维熙

　　近年来，陕西省旅游局通过"秦岭与黄河对话"品牌活动策划，在山河互映、文化交织中向旅游市场展示了"山河竞秀""丝路文明"的陕西旅游新格局、新风貌，实现了陕西旅游影响力倍增和客源市场大辐射，提升了丝路起点陕西旅游业的美誉度，获得了国内外旅游市场的广泛好评。据统计，2013 年、2014年两年的"秦岭与黄河对话"活动影响力覆盖人群超过 4 亿人次，该活动已经成为传播陕西旅游文化魅力的"国际盛宴"，为陕西旅游从文化观光型到多元产品体系形成和休闲旅游发展提供了无限的发展空间。

　　陕西省旅游局局长杨忠武表示，"秦岭与黄河对话"是陕西省旅游局在"讲述陕西故事，传播旅游好声音"方面的一种创新努力，期望依托赖以生存的秦岭与黄河，使陕西旅游在传承中华文明、推广旅游产品方面形成国内与国际的文化互动、市场互动，进而促进旅游产业快速发展。

　　较之往届活动，今年主题"对话"活动出现了黄河、秦岭旅游首次大聚会，大陆、香港、台湾三地卫视首次携手大传播，黄河沿线省级电台首次大互动，名家论剑与旅游产品推广相得益彰等诸多亮点。黄河、秦岭关联省区旅游业界、旅行商和景区代表参加对话，形成了中国旅游业界首次秦岭与黄河区域大聚会和大融合的创新亮点；黄河沿线省级电台代表莅临现场，以直播、连线、新闻跟踪等多种方式，通过无线电波，将活动声音传播至沿黄各地，并成立了"沿黄广播电台旅游推广联盟"，为今后沿黄各地旅游捆绑式宣传推广提供服务。

（原载人民网，作者 崔崚）

声音

5月19日，当全国迎来第三个旅游日之时，2013"中国旅游日"陕西省主题活动——"秦岭与黄河对话"在我省各地同时精彩展开，全方位展示了陕西的历史文化之美、自然生态之美、人文精神之美、科学发展之美，凸显了"山水人文·大美陕西"的旅游形象。

——《陕西日报》

"秦岭与黄河对话"于2013年5月19日在秦岭终南山世界地质公园翠华山天池畔盛大举行。陕西卫视和凤凰卫视现场直播（录播）了这场精彩对话，陕西立体式的文化魅力和美丽无比的山水风光，通过这场"对话"和全方位的媒体传播展现得淋漓尽致。

——第一旅游网

携山水气质，穿越武侠时空，回归华山之巅。2014年5月19日上午10点30分，一场陕西旅游的"华山论剑"——"秦岭与黄河对话·丝路文明"在华山北峰荣耀上映。知名学者、著名专家、文化名人将在"天险"之上，通过"论剑"把陕西作为丝绸之路起点的人文美、自然美、文化美、现代美推广到海内外。

——《中国旅游报》

2014年的"对话"活动，受到了国内外媒体的广泛关注。此前还先期推出了由众多文化名人、专家学者、新闻媒体参与互动的"穿越大秦岭·聆听黄河风"自驾采风取水系列活动、"保护华山松"秦岭生态安全公益行动等。

著名作家王若冰等在华山之巅观看了这场"对话"。王若冰说，采取这种形式在华山之上围绕旅游进行"论剑"，既是创新又有影响，希望这种"对话"能够成为品牌，长期坚持下去。

——人民网

2014年"对话"共分"西岳眺望、驼铃声声、丝路情怀、山河回响"四个篇章。对话嘉宾将从古丝绸之路对世界旅游格局变革的作用及影响，张骞、班超、玄奘等对丝绸之路开拓过程及历史的贡献，如何以规划建设、区域联合等助推丝路旅游发展，以及政府、企业、市场在加快丝路旅游发展中的角色等方面，进行深入阐述，为观众描绘一幅波澜壮阔的陕西丝路历史与文化旅游大画卷。

这场由陕西省旅游局主办，凤凰卫视、陕西卫视、西北旅游文化研究院和华山风景名胜区协办的主题活动，预计活动影响力覆盖人群将超过 2 亿人次。

——新浪网

位于石泉富水河边的熨斗古镇，在明清时期是川陕客商云集的一个商贸重镇，因为是川陕客商云集之地，这里的民风民俗也是兼容了陕西和四川的特点，别有一番风味。在 2014 年富水河"秦岭与黄河对话"公益自驾取水式上，气势磅礴的石泉威风锣鼓声声震天，而河边的龙舟祭河神仪式、跑旱船、民间秧歌等民俗表演则让小小的取水仪式有了节日的气氛。而在柞水县，身着大红色舞蹈服装的演员们，时而跳起轻盈的扇子舞、时而跳起慷慨激昂的鼓舞，鼓点时而急促，时而轻缓，抑扬顿挫，韵律感十足。

——腾讯网

2015 年 5 月 19 日，黄河之滨，"史圣"故里，一场丝路与旅游的世纪对话——2015"秦岭与黄河对话"荣耀上映。陕西卫视、凤凰卫视、台湾东森亚洲卫视首次携手电视传播，沿黄多省区广播电台与众多网络现场直播（录播）了这场精彩对话。本次"对话"共分"新丝路、新起点、新旅程"三个篇章，各位名家分别从文化价值、历史底蕴、商业潜力等方面解读了新丝路蕴含的无尽魅力。丝路起点陕西的人文美、自然美、文化美、现代美，通过这场"对话"和全方位的媒体传播展现得淋漓尽致。

——新华网

石泉后柳水乡的莲花古渡

声音 一

陕西秦腔扮相

对话
DIALOGUE

讲述秦岭与黄河对话背后的故事

故事

秦岭与黄河为何"对话"

——2015"秦岭与黄河对话"前夕专访陕西省旅游局局长杨忠武

　　山水风光是美丽之源，也是现代旅游业的最大资源与卖点。5月19日是国务院批准设立的"中国旅游日"，全国各地都将举行一系列活动庆祝这一节日。为了彰显陕西旅游特色，完美对接大旅游时代的市场消费需求，建设"三个陕西"，助推大秦岭人文休闲度假旅游圈建设，根据陕西省旅游局局长杨忠武亲自创意与策划建议，将陕西省主题活动定位为"山与河的对话"。

　　秦岭有着中国气候、地理、水系、生物分界线的特殊地位和"父亲山"的称谓，又是万山之祖、文化之源，秦岭南江北河的自然特点是陕西旅游的世界级优势，以秦岭为制高点，整合陕西境内的江河资源进行宣传推广，可以凸显"秀美陕西"的旅游特色；黄河是中华民族文化的发祥地，也是广泛公认的"母亲河"。以"父亲山"的伟岸与"母亲河"的博爱作为活动创意，整合营销陕西境内旅游产品，将会显出"大美陕西"的独特魅力。盛大的"秦岭与黄河对话"活动至今已举办了三届，其广泛的影响力与品牌效应日趋凸显，那么在这将文化与旅游创新融合的"对话"活动背后有着怎样独特的策划理念呢？来一起聆听杨忠武局长的讲述。

记者：当初为什么要创新策划这场山与河的对话？

杨忠武：我们南依的秦岭，是中国的"父亲山"，不但积淀着中华文明的各种符号，也是我国地理、气候、生物的南北分界线和长江、黄河两大水系的分水岭。秦岭连接陕、甘、豫、鄂四省，而"大秦岭"则又辐射到川、渝等省市，是横卧在华夏版图腹部的"国家中央公园"，被誉为"地球脐带"。黄河是中华民族的"母亲河"，黄河流域是中华文明的发祥地，也是涵养中华文化、哺育民族生息的伟大之河，陕西人也被称作"黄河儿女"。一座山与一条河，见证着历史的波澜壮阔，也为秦岭关联省区和黄河沿线地区今天的旅游业赐予了取之不尽、用之不竭的天然资源。

陕西居于我国中部，秦岭山脉横贯东西，南北两麓诸如华山、太白山、骊山、终南山、天竺山等秦岭名峰、佛教祖庭以及大熊猫、金丝猴、朱鹮、羚牛等世界级自然景观、文化遗产、动植物资源极为丰富，是陕西旅游从文化观光型向休闲度假型转变的重要依托。陕西境内的黄河流经陕西，留下了壶口瀑布、乾坤湾、陕北峡谷、黄河龙门和洽川湿地等著名景观，其中黄河第一支流渭河，千百年来滋润着关中八百里平川，成就了古长安的伟业和当今陕西的繁荣与昌盛，而黄河流域淳朴的民风和绚丽的民俗文化日益受到游客青睐。

2011 年，国务院批准设立了"中国旅游日"，从此，这个《徐霞客游记》首篇《游天台山日记》开篇之日，即 5 月 19 日就成了全国一个新的非法定节假日——中国旅游日。2013 年春，陕西省旅游局策划创意，形成了中国旅游日当天在全国和全球华人圈具有较大影响力的陕西特色主题文化活动——"秦岭与黄河对话"。2013 年 5 月 19 日，这场"对话"首开于秦岭终南山世界地质公园的翠华山，2014 年移师有着"奇险天下第一山"美誉的华山之巅，今年的"秦岭与黄河对话"，在地域性、传播面、参与方式等方面进行了大的提升，将进入黄河之滨韩城，在"史圣"司马迁故里开启一场世纪对话。

"秦岭与黄河对话"就是陕西省旅游局在"讲述陕西故事，传播旅游好声音"方面的一种创新努力。我们期望依托赖以生存的秦岭与黄河，能在传承中华文明、推广旅游产品方面形成国内与国际的文化互动、市场互动，进而促进旅游产业快速发展。

记者：山河"对话"对陕西旅游业产生了什么影响？

杨忠武： 近两年，陕西以"秦岭与黄河对话"的文化创意，开展大规模的主题营销活动，在山河互映、文化交织中向旅游市场展示了"山河竞秀""丝路文明"的陕西旅游新格局、新风貌，实现了陕西旅游影响力倍增和客源市场大辐射，提升了丝路起点陕西旅游业的美誉度，获得了国内外旅游市场的广泛好评。据统计，2013年和2014年两年的"秦岭与黄河对话"活动影响力覆盖人群超过4亿人次，该活动已经成为传播陕西旅游文化魅力的"国际盛宴"，为陕西旅游从文化观光型到多元产品体系形成和休闲旅游发展提供了无限的发展空间。

结合"山水人文·大美陕西"的旅游形象，陕西以"秦岭与黄河对话"的形式全面整合全省旅游资源优势和产品特点，旅游产业呈现全面跃升态势。

2014年，我省共接待境内外旅游者3.32亿人次，同比增长16.5%，旅游总收入2 521.4亿元，增长18.1%。面对经济下行压力贯穿全年的不利局面，陕西旅游行业抢抓丝绸之路经济带新起点建设机遇，旅游业呈现出国际吸引力显著

故事 \

增强、国内影响力持续扩大、省内贡献力稳步提升、发展支撑力不断加强的良好势头。

此外，省政府实施的30个重大文化建设项目和31个文化旅游名镇建设项目，辐射带动作用强，将构建全省旅游业未来发展的新格局，极大提升陕西旅游业的核心竞争力。

记者：今年"对话"有什么亮点？

杨忠武：本次"对话"广泛向丝路沿线省区、黄河流经省区、秦岭山脉关联省区旅游业界发出了邀请，参加"对话"活动的代表将包括陕西、甘肃、宁夏、青海、河南、山西、山东、湖北等众多省区旅游业界、旅行商和景区代表，将会形成中国旅游业界首次丝路、秦岭与黄河区域的大聚会和大融合，为中国旅游发展创造新亮点。

在此前两届"对话"与陕西卫视、凤凰卫视紧密合作，联合直播、录播的基础上，为了扩大活动传播，本次特别邀请了台湾东森亚洲新闻台加盟活动传播，将在大西北的历史上首次形成大陆、香港、台湾三地卫视携手聚焦旅游活动，共同推广山河旅游文化与丝路旅游产品的记录。

为了提升活动影响力，联合推广黄河流域旅游产品，本次"对话"活动邀请了黄河沿线各省级电台代表莅临现场，以直播、连线、新闻跟踪等多种方式，通过无线电波，将活动声音传播至沿黄各地。活动期间，还将成立"沿黄广播电台旅游推广联盟"，为今后沿黄各地旅游捆绑式宣传推广提供服务。这种沿黄流域广播、听众大互动的方式，在国内也是第一次。

"对话"是山与河的畅想，而旅游产品则是旅游市场最终的选择。本次"对话"活动期间，安排了各省区旅游产品推介。为了打好丝绸之路起点这张牌，助力丝绸之路经济带建设，本次活动采取旅游与文化结合，旅游与商业联盟联合发展旅游经济，举办陕西丝绸之路旅游产业招商推介会。以期通过活动促进一批新项目、新产品成功入市，切实促进旅游与文化、产品与市场无缝对接。

根据主题设计，本次"对话"还邀请了文化界、史学界、旅游界的众多名人共同参与，阵容组成包括原文化部副部长、故宫博物院院长、当代著名学者

郑欣淼，原中国作家协会副主席、著名作家蒋子龙，中国史记研究会会长、著名学者张大可，中国旅游研究院院长、著名专家戴斌，全国首位"新丝路"文化传播大使、著名文化学者肖云儒，活动特邀主持人是香港凤凰卫视的金牌主持胡一虎。除此之外，还邀请了著名作家从维熙、马力、秦岭、王若冰等一起参与活动。

在"新丝路、新起点、新旅程"这个大主题下，对话嘉宾将从各自研究的领域出发，透视国家战略、区域合作、文化交流、旅游提升、发展愿景，并为陕西旅游"升级版"建言献策。

记者：中国旅游日期间陕西还有哪些活动和看点？

杨忠武：本次"对话"安排了众多系列活动，包括"中国旅游日"陕西分会场启动仪式、陕西丝绸之路主题产业招商推介会、"探秘韩城·聆听对话"自驾采风启动仪式、"黄河文化大展演"、"风追司马·乐游韩城"民众联谊、"名家与韩城"交流会、"新丝路、新起点、新旅程"旅游产品推介会等。

本次"对话"承办地韩城是"黄河金三角"地区的历史文化名城和优秀旅游城市，韩城的大禹庙、普照寺、文庙、城隍庙、党家村等都是文史遗迹中的

国之精品；千里黄河之上，最窄处和最宽处均在韩城，而司马迁祠则是"中国历史之父"的纪念符号。韩城人杰地灵，山河锦绣，如今市委市政府大力推进的全域旅游战略，已经让韩城旅游如虎添翼。相信这种"有故事的韩城，有味道的旅程"，一定会让大家不虚此行。

为了共同庆祝"中国旅游日"，拉动夏季旅游市场，陕西境内也将举行各具特色的活动，包括2015行游西安徒步大会（临潼站）暨西北绿地万人健步公益活动、缤纷五月·悦动古城—2015"西安城墙文化展演活动"、2015中国秦岭天竺山登山节、少华山国家森林公园"文明旅游"主题活动、杨凌农博园蝴蝶文化季暨蝴蝶文化夏令营启动仪式、大巴山—千层河、神河源徒步穿越活动等，秦岭之中的金丝大峡谷，特别建设了徐霞客广场，也将于当日对游客开放。5月19日前后，全省各地都将推出丰富多彩的旅游惠民措施，鼓励城乡居民参与旅游行动。

记者：我们注意到，连续三届"对话"的主题都融入了丝绸之路元素，请问陕西在丝路旅游方面还有哪些大举措？

杨忠武：陕西是古丝绸之路的起点，古丝绸之路从长安出发经甘肃、青海、新疆，远达中亚、西亚、南亚、地中海沿岸等国家和地区，开启了中华文明与西方文明真正意义上的对话。2013 年 9 月，习近平总书记在出访中亚四国时提出"共建丝绸之路经济带"的战略构想在世界范围内叫响了丝绸之路品牌，为陕西旅游业发展带来了新的历史性的机遇。近年来，陕西旅游行业认真贯彻落实省委、省政府关于加快建设丝绸之路经济带新起点的部署和要求，围绕构建以西安为起点的丝绸之路风情体验旅游走廊，抢抓机遇，突出重点，强化措施，全力培育和打造"丝绸之路起点"旅游品牌。

陕西虽为"丝绸之路经济带"的起点，在丝路经济带上具有承东启西的区位优势，但是与欧亚国家之间动辄数千公里的漫长交通线，几千年来都难以轻易跨越。在陕西省委省政府着力促进"空中丝绸之路"建设的推动下，陕西积极促进开通旅游包机业务及新航线。截至目前，咸阳国际机场国际（地区）航线达到 29 条，国内外总航线达到 232 条，实现国际通航的城市达 25 个，其中直飞欧洲的航班达到每周 9 个班次。

随着西安咸阳国际机场与国际城市的距离不断拉近，陕西旅游国际化进程正在实现由"走"到"飞"的转变，丝路国际之旅也在日益加速。到"十二五"末期，西安咸阳机场国际航线将逐步连通中西亚、欧洲重要城市，形成空中丝绸之路重要航点的全面覆盖，构建中国中西部地区与欧亚各国的贸易通道、交通枢纽和经济走廊。依托丝绸之路，陕西还打造出我国首条丝路专题旅游专线——"长安号"丝绸之路旅游专列，串连起丝路沿途热门景点，提供一站式食宿游览服务。

今年以来，陕西省已连续举办了影响全国的"美丽中国·2015 丝绸之路旅游年"启动仪式、2015 中国西北旅游营销大会两大活动，本届"对话"的同时，我们还在加紧筹备 6 月 18 日开幕的丝绸之路经济带旅游部长会议暨第七届联合国世界旅游组织丝绸之路旅游国际大会，届时丝路沿线各国旅游高官、旅游精英和联合国世界旅游组织官员，都将汇聚在古都西安为丝绸之路旅游添彩发力；

9月，第二届中国西安丝绸之路国际旅游博览会也将盛大举行，一系列大型活动都将成为助推陕西旅游发展，拉动国际旅游市场的重要平台，为促进"三个陕西"建设发挥重要作用。

此外，陕西省旅游局还将继续支持丝绸之路世界遗产点设立"丝绸之路旅游日"的倡议，让城乡民众共享快乐旅游，同时联合西北各省区，综合推进与丝绸之路沿线国家的旅游合作，携手共建丝路旅游发展新引擎。

记者：习近平主席今年两次访陕，特别是5月14日亲自到西安迎接印度总理莫迪，对陕西旅游将会有什么样的影响？

杨忠武：习近平总书记近年来多次到陕，并对陕西旅游业的发展提出了明确指示，这不仅使3 700万陕西人民感受到自豪，也让陕西旅游人感到肩上责任重大。近年来，陕西省委、省政府采取了一系列重大举措，以此促进全省经济实现新常态下的突破发展。陕西旅游行业以此为契机，大力实施重大项目带动、高A级景区倍增、综合业态培育、服务质量提升、市场环境整治和旅游人才队伍建设，立体式铸就具有国际影响力的"丝绸之路起点"旅游品牌，全省旅游业显现出前所未有的发展活力。

国家旅游局确定今年为"美丽中国·丝绸之路旅游年"，并于1月8日在我省西安市举行了启动仪式，陕西作为古丝绸之路起点的地位和优势进一步凸显。我们将依托历史文化和自然资源优势，构建以西安为中心的丝绸之路风情体验旅游走廊，精心打造丝绸之路、佛教文化、黄河风情、红色旅游和大秦岭专项旅游产品，支持丝路文化旅游产品开发和国际市场拓展。接下来，陕西旅游人将群策群力，开拓进取，扎实工作，打造新常态下陕西旅游升级版，为加快建设"富裕陕西、和谐陕西、美丽陕西"奏响旅游业发展最美华章，向习总书记交上满意的答卷。

（原载《中国旅游报》）

地标符号增辉对话
——活动地点选择揭秘

　　"秦岭与黄河对话"，是全民旅游休闲时代的一场文化盛宴，也是陕西旅游形象传播的大舞台。要满足电视、网络、广播等各种传播媒介同时进行现场直播的需求，在"对话"地点选择时就必须兼顾场景、文化、环境、天气、通信、电力、安保、交通以及卫星讯号传输和直播车辆安全等各方面因素，而既要保证直播现场的风景有极佳的画面效果，又要具备各种播出条件，这样的地点往往很难选择，却也正好留下了众多鲜为人知的幕后故事。

情定翠华山天池畔

　　2013 年春节刚过，首场"对话"的策划开始启动。陕西省旅游局杨忠武局长就"对话"策划提出具体要求后，陈清亮副局长召开专门会议安排策划文案制定，要求一周内提出具体方案。西北旅游文化研究院和西北旅游传媒的策划团队兵分两路，一队负责策划文案，一队负责场地勘查。其中场地的选择颇为周折，既要考虑能够代表秦岭山脉的特殊景观价值，又要确保其与计划设在西安大雁塔广场的"中国旅游日"公众活动分会场有效衔接。于是，秦岭唯一具有世界地质公园称号，又兼"山崩地裂"地质特点，山岳、森林、石海、水面相映成趣的秦岭终南山世界地质公园翠华山天池走进了策划团队的视野。

深夜，古城西安街头的车流开始逐渐减少，白天的喧嚣已被夜间特有的宁静所替代。此刻，位于崇业东路丰泰大厦12层的西北旅游传媒会议室里却是热闹非凡，有人在查阅天气资料，有人在设计行走线路，有人在向翠华山景区副总经理杨广虎反复询问场地的可行性。次日一大早，策划团队驱车前往现场进行实地考察，筛选"对话"现场，考察天池、山岳、现场直播机位，勾画直播区、采访区、保障区、停车区位置，协商多达60人的直播团队就近住宿地点以及登山游客当日临时分流的可能性，研究直播讯号传输、二路电力供给、网线架设和通信保障等问题，并提出了影响直播画面和取景范围内的临建设施处理和商业服务摊点移位等要求。一切可能性全部沟通清晰后，随即向省旅游局汇报，获得认可后各种细致性场地准备随即展开。

完成与景区沟通协调后，"对话"项目策划负责人王晓民走进了西安旅游集团公司时任总经理陈吉利的办公室。说明情况后，陈总立即表示将全力支持"对话"在集团下属的翠华山景区举行。不久，西安市政府专门召开相关部门和翠

华山所在的长安区负责人会议，就"对话"活动各种保障措施和项目配合进行了分工。要求各单位形成合力，全力保障首场"对话"在西安圆满成功。

2013年5月19日，首场"对话"得以在秦岭山系终南山世界地质公园中最具代表性的翠华山天池畔如期举行，全球观众通过分设于活动现场和不同风景地的摄像镜头，领略到了如诗如画的秦岭美景。

80平米北峰之巅的交响乐

千里秦岭巍峨壮丽，著名峰岳不计其数，而最奇特的莫过于由那块巨石而形成的"奇险天下第一山"西岳华山。根据省旅游局决定，2014年第二届"秦岭与黄河对话"移师华山举行，通过直播，让秦岭的另一种美传遍世界。

2014年2月底，策划团队完成"对话"方案大纲后，就开始了一次又一次的现场勘查之旅。华山地形险要，主景区五峰游客停留区面积均非常有限，要在确保电视风景画面的同时解决观众座椅、直播设备架设和众多现场采访记者的落脚问题实在不易，更别说现场供电、通讯、讯号传输等问题。场地勘查之前，有人建议选择山下举办"对话"，仅以华山为背景，但策划团队认为只有直播阵容上山，多处架设取景点才可以完美展现华山雄姿。于是，他们几次登山实地考察，又一次次走进华山指挥中心监控室，通过全山电视监控点寻找"对话"地点，逐一排除了相对宽敞的道观、林荫休息处等场地，最终将现场定在了北峰最高点。此处虽仅有 80 余平方米相对平坦的狭小场地，但背景山势状如天然元宝，雄伟震撼，应是向世人展现秦岭名峰西岳华山风采的最佳位置。

场地选定，一系列筹备、协调便立即展开。首先面对的是 80 平方米的场地如何容纳上百人的直播团队、各路媒体记者和工作人员队伍，还要预留嘉宾对话区、观众区、电视直播设备区、网络直播台、华阴老腔表演区的难题挑战。为此，策划团队煞费苦心，进行了一次又一次头脑风暴。最终决定现场仅保留嘉宾座椅，省领导和特邀观众严格控制在 30 人以内，且全部安排微型简座；除预留必要的直播设备区外，电视、网络、电台直播记者全部站立；最大限度分流直播队伍，活动指挥、现场导播、项目协调等保障人员全部站立在石头之上；实行严格的现场人数控制措施，按照红、蓝、黄等不同证件色彩，限定各类人员站立位置。为了避免现场人员体力不支，又特别安排在沿北面直播设备一侧，挤放十多张微型木凳，以备现场站立人员临时休息。

活动现场方案基本确定后，紧接着是直播车、发电车、卫星车、对话标志巨石的上山以及直播用对话线、网线的架设难题。在陕西卫视、华山景区、索道公司等各方的共同努力下，现场对直播设备进行了整车分解，通过索道逐件运往北峰再进行组装；高达5米多的"秦岭与黄河对话"石雕，也是通过分割、运输、组装才得以矗立在活动现场；发电车、卫星车安排在400米高差之外的索道下站工作，通过垂直架设线路服务直播，直播网线则由北峰宾馆通过连线到达现场，而极具代表性的华阴老腔表演，决定安排在距对话现场5米之外的另一处较低空地，通过分机录像切换至直播讯号。

2014年5月18日下午，当浩浩荡荡的三秦河流取水自驾车队从全省各地

故事 一

汇聚华山游客中心生态广场之时，北峰之上的现场安装、调试、准备工作也到了最后冲刺阶段，各路人马在有限的场地上各出妙招。下午4时现场调试、准备工作基本结束，微缩式的直播现场除过极小的"对话"区和观众区之外，堆积如山的各种机器设备和遍地交错的上百条连接线网占据了近半个场地。所有工作人员百感交集，因为大家次日在这种环境下要紧密携手，直播一场影响力波及全球的世纪"对话"。大家同时也在默默祈祷，希望明天众多在现场站立者脚下留情，不要踩坏地下纵横交织的各种连接线，以防造成播出讯号中段事故。

华山之巅的现场直播，犹如一场合力攻坚的旅游营销战役，并且最终大获全胜。令人惊喜的是，"对话"开始前一个多小时刚停止的一场细雨，让华山宛若披上了一层轻云薄雾式的神秘幔纱，一会儿浮云、仙气飘移，华山西岳峰、东峰、南峰、中峰若隐若现；一会儿脚下云海翻腾，诸峰在阳光照射下相互争雄。"对话"通过陕西卫视、凤凰卫视、台湾东森亚洲卫视和网络播出后，观众、网友对华山奇特的自然风光好评如潮。

司马迁祠前的古今"对话"

秦岭山脉的深邃文化底蕴和美不胜收式的自然美景，通过两届高端"对话"的现场直播，在国内外旅游市场引起了强烈关注，有力推动了大秦岭旅游美誉度的传播。那么，第三届"对话"地点无疑将会移师具有华夏"母亲河"称谓的黄河之滨。

根据"秦岭与黄河对话"活动总策划杨忠武局长提议，2015年活动主场选择韩城市。韩城是黄河之滨著名的国家级历史文化名城，"史记韩城黄河特区"是韩城市委、市政府举全市之力包装推广的城市旅游形象口号。千里黄河在韩城留下了无数动人的传说和历史故事，黄河河面的最宽处和最窄处均在韩城境内，最关键的文物遗迹——"史圣"司马迁祠墓也在黄河岸边。面对世界历史文化名人司马迁，"秦岭与黄河对话"活动就会有说不尽、道不完的话题。

早春二月的韩城，阳光似乎还停留在隆冬的季节里，黄河岸边寒风凛冽，风沙不时从山梁上吹过。项目策划组负责人王晓民带着策划团队，进驻韩城，走景点，看场地，与司马迁后人交流，与非物质文化遗产传承人沟通。看过众

多场地之后，项目组将目光锁定在了司马迁祠墓文化景区。

东临黄河、西枕梁山的司马迁祠，位于韩城市南十多千米的芝川镇东南的山岗上，系韩城市代表性历史文化名景，始建于西晋永嘉四年，1982 年国务院公布其为全国重点文物保护单位。祠墓建筑自坡下至顶端，依崖就势，登顶可望涛涛黄河，是绝佳的"对话"场景。然而经过反复勘查祠墓地形，项目组发现不是祠内平台处太小，就是门前几处平地周边环境不符合直播要求。多次考察与测量之后，项目组依据最佳镜头画面设计效果，确定了在新落成不久的司马迁文化广场司马迁雕像前"对话"，镜头可覆盖山上祠墓，另在祠墓内架设现场取景摄像机，形成"对话"现场、周边环境、祠内景观相互动的直播方式，也得到了其后抵达的陕西卫视、凤凰卫视导播的一致认可。

场地选择尘埃落定，接下来是细节繁杂的技术对接与准备，包括舞台高度与摄像视角差、广场主背景板抗风力程度、雕像进入镜头的高度、电视直播与现场 LED 画面同步方式、百人韩城行鼓表演在直播现场与声音如何不受影响，以及电力、网线在巨大广场上的接驳方式与循环保障种种问题。除此之外，还有市区至对话区的行车时长、游客中心嘉宾、至舞台的抵达方式、夜间机器设备安全以及近百名工作人员一连几天的生活安排等。项目小组为此七赴韩城，

故事 一

逐一对接。一切准备与应急方案就绪后，又开始了"对话"配套系列活动场地、项目、演出、布景的紧张协调工作。

　　大型活动常常会有意想不到的事情突发，而电视直播活动由于其特殊性，主办方必须保证其"万无一失"。尽管如此，对话前一天即 5 月 18 日下午，还是发生了一连串的突发情况：由于现场风力过大，活动背景板有安全隐患；电视直播试机过程中，发现原各方确定的舞台高度达不到最佳视角，直播组临时建议对已搭建好的舞台提升 30 厘米，活动主背景板也必须随之提升，画面需要重新制作。眼看距直播时间越来越近，所有修改效果的物料又必须从城市调拨或重新设计。于是，各方紧急协商之后兵分几路同时行动，省旅游局副巡视员邵玺元、国内（港澳台）旅游事务处处长董汉青带领策划项目组与活动执行方负责人坚守在现场督战。时间一分一秒地过去，提升舞台高度的钢管、支架运输车先后抵达，可以抗御大风的背板材料也来了，可此刻的广场已是漆黑一片，完全无法进行夜间施工。西北旅游文化研究院负责人现场临时调度，要求现场所有接待车辆、工作车辆全部调转方向，用车灯为现场施工照明，保证舞台和背景支架顺利就位。

离开活动现场已是深夜，汽车正载着刚才在现场临时充当监理的各方领导行驶在返回韩城的路上。此刻，王晓民的手机铃声又响了，听筒里传来了电视台工作人员的求援声："现场 LED 大屏视频连接线与电视台设备不匹配，急需帮忙寻找 400 米左右的视频线送达现场，否则明天大屏将无法播出现场视频"。挂断电话，这位一连多日奔波于活动主会场和分会场之间的活动指挥官，头上冒出了汗珠。于是，他向活动组紧急下达命令：全城寻找、西安支援，确保早上 8:00 前视频线送到现场！

当晚，承办方、合作方许多工作人员在忐忑中度过了一个不眠之夜。5 月 19 日天刚亮，重新设计制作的背景喷绘布、在韩城一家装饰公司找到的视频线顺利运抵"对话"现场，很快被安装到位、调试成功。早上 7 时许，因前日飞机延误，凌晨入住西安咸阳国际机场酒店的嘉宾、全国著名旅游专家、中国旅游研究院院长戴斌先生已经抵达司马迁祠游客中心，并且与策划组负责人王晓民沟通"对话"内容。

2015 年 5 月 19 日上午 10 点，众多卫星电视、知名网络、沿黄多省广播电台，共同播出了来自黄河之滨、司马迁故里传出的旅游时代最强音——"秦岭与黄河对话"。

上午 11 点，直播活动临近结束，凤凰卫视金牌主持人胡一虎提议"对话"嘉宾和现场 200 余名观众面向摄像镜头，一起为陕西旅游点赞、为这场"秦岭与黄河对话"点赞之时，陕西省旅游局局长、"秦岭与黄河对话"总策划师杨忠武，与承担项目策划方的西北旅游文化研究院、活动执行方的西北旅游传媒现场工作人员，脸上终于露出了灿烂的笑容。著名作家蒋子龙、著名文化学者肖云儒等，走下舞台时连声称赞这场活动组织严密，整个直播过程几乎"天衣无缝"！

"对话"活动 Logo 征集与确定

　　"秦岭与黄河对话"是"中国旅游日"当天陕西省策划包装的大型主题文化活动，2013 年首度开启便在国内外旅游界引起了强烈反响。于是，作为陕西旅游业一个持续打造和培育的新品牌活动，标识就成为首要代表元素之一。

　　"秦岭与黄河对话"Logo 公开征集活动于 2014 年 4 月 10 日开始，截止 30 日 18 点结束。共收到来自全国各地的设计作品近百份，经过层层选拔，最终中

中标Logo（设计者：陈聪荣）

标的 Logo 由相互交融的绵延秦岭和大美黄河构筑出陕西的首字母"S"，体现了"对话"之意。

　　该 Logo 整体造型流畅而富有韵律，体现出陕西优秀的山水资源所具有的深厚人文底蕴。同时映射了陕西作为文化旅游大省，不仅有极为丰富的世界级历史文化景观和民俗资源，也有以秦岭山系和黄河沿线为重点的丰厚的自然山水旅游资源。

　　获奖作者有：陈聪荣，同时也有黄建荣、刘刚、张进续获得了优秀奖。这些作品分别为：

优秀奖（设计者：黄建荣）

优秀奖（设计者：刘刚）

优秀奖（设计者：张进续）

　　2014 年 5 月，陕西省旅游局正式向社会发布了 Logo 征集评选结果，并向获奖者颁发了证书和奖金。第二届"对话"活动正式启用了"对话"Logo。至此，此 Logo 成为"对话"活动的固定形象标志。

"天公作美"添彩对话

户外电视直播活动成功与否，天气是首要决定因素之一。对于以山河奇特美景展现陕西旅游风韵，每次又必须在 5 月 19 日"中国旅游日"当天上午举行的"秦岭与黄河对话"大型主题活动而言，更是如此。

众所周知，纵横千里的秦岭是我国南北地理与气候的天然分界线，气候多样性和天气瞬息万变是秦岭区别于其他山岳的最大特点，越是奇山峻峰，往往气候变化越是难以预测。

2013 年 3 月，策划小组反复进行现场勘查、排兵布阵，在查阅大量翠华山气象资料后忐忑不安。尽管已经在舞台搭建和现场用具准备时充分考虑到了临时下雨的应急措施，但还是希望以最好的天气让"对话"现场碧空如洗，环境最佳。为此，策划小组几乎天天派人赴现场监测气象，最后还是向西安旅游集团和终南山世界地质公园的负责人提出了"保证天气晴朗"的请求。

秦岭终南山下的一处农家饭店里，曾记录下了 2013 年春策划单位负责人王晓民与景区总经理王少华关于下雨问题的戏剧性场景。

当天，王晓民带领策划单位再一次进山感受现场气氛，但对待莫测的天气情况始终心有不安。双方最后来到这里继续探讨保障天气的方法，王少华面对策划方"保证天气"的要求也很为难。此刻，坐在桌前良久的策划单位无一人动筷，最终王少华一句半真半假的"我保证，5月19日上午肯定不下雨"才让饭桌上的气氛活跃了起来。

2013年5月18日，陕西省旅游局杨忠武局长前往"对话"现场，详细检查了活动的各项准备工作。5月19日，首场"对话"在翠华山天池畔得以顺利举行。蓝天、白云下的秦岭美景让观众心旷神怡，而事后从一份西安市政府相关部门的会议纪要中，才知道气象部门为保证活动的顺利进行，进行了有效应对。

第二届"对话"选址华山北峰，巨石之上毫无遮挡风雨之处，如遇雨水天气，直播讯号将难以保证。策划初期，对天气的担心又成了策划者与华山管委会之间一遍一遍沟通、交涉的重点。时任渭南市文物旅游局局长兼华山管委会主任的霍文军，列举了大量华山每遇重大活动天公均"作美"的例证。但很多年前曾参与金庸"华山论剑"，亲历前夜大雨让道路出现险情的王晓民仍不敢贸然相信。非常热爱华山的霍文军一天晚上竟然把王晓民带到了华山玉泉院，让道长邹玄通亲自讲述了华山的种种传奇。

鉴于华山的特殊地理环境，在此后的多次协商中，为了确保直播效果，许多参与合作的单位也提出了选择山下室内直播的建议，但最终均被坚持"画面直播效果第一"的策划创意说服。5月19日凌晨，一场随风潜入夜的小雨洗去华山五峰上的尘埃，之后展现在"对话"现场的是仙境云海、五峰竞秀。那场直播景色之美至今让许多人念念不忘。

移师黄河之滨，宽阔的司马迁文化广场虽然少了山中天气的多变性，但雨与风可能同时出现的担忧又让策划执行单位费劲了脑汁。搭建应急防雨设施，会让现场气氛失色，一旦临时下雨还会使现场秩序出现问题。

根据反复查阅的气象资料和提前多日气象部门的云图分析，2015年"秦岭与黄河对话"依旧采取了齐备的对应措施，现场继续保持纯自然、重画面、原真性的直播效果。"天公"依旧作美，让最佳的画面效果传播到了全世界。

故事

名家心中的韩城

2015 年 5 月 18 日上午，第三届"秦岭与黄河对话"系列活动——"名家与韩城"交流会在韩城文庙景区举行，一本巨大的"名家与韩城"造型书旁，来自全国各地文化界以及旅游界的知名"大腕"就韩城的历史文化、旅游发展等进行了交流。

交流活动共分为"心中韩城"、"寄语韩城"、"留影韩城"、"笔下韩城"四大篇章。当代著名学者、文化部原副部长、故宫博物院院长、现任故宫研究院院长、中华诗词学会会长郑欣淼，当代著名作家、原中国作家协会副主席蒋子龙，著名学者、中国史记研究会会长张大可，当代著名作家、原中国作家出版社社长、总编辑从维熙，著名散文作家、原中国旅游报社总编辑马力，著名文化学者、全国首位"新丝路"文化传播大使肖云儒，国家一级作家、天津市炎黄文化研究会副会长秦岭，著名作家、山水文化学者王若冰就韩城的历史文化、旅游发展等进行了交流。各位专家、学者分别讲述了他们对司马迁故里——韩城的印象，并从各自研究的领域出发，为韩城文化旅游发展建言献策。

郑欣淼：韩城应建一座现代化博物馆

　　我是渭南澄城县人，在我的印象里，韩城和中华的历史文化联系非常紧密，70年代韩城的元代建筑就在全国很有地位。近几年，韩城的考古发掘也很了不起，梁带村古墓的挖掘证明故宫博物院清代乾隆皇帝收藏的几件铜器就是从韩城出去的。韩城还有特有的民俗，比如像党家村，我认为民俗的民间文化和历史文化是不可分割的，历史文化凝固的时间长了就成了民俗，民俗它本身是一个活的载体。前年，我到访韩城专门到司马迁祠等几个地方看了一下，感觉这个地方应该常来，每一次来都能受到震撼、感悟、启迪。韩城是一本读不完的书，希望韩城把文化遗产的保护和现代化发展结合的更好一点。今天是"博物馆日"，我看这几个古建筑（韩城古城三庙景区）被作为博物馆的馆址利用了，用老建筑搞展览是很好的方式，但有利有弊，我认为韩城应该办一个现代化的博物馆，韩城在发展这么快的状况下，经济实力不断强大，当代的文化建设也在不断发展，有一个现代化的博物馆是一个长远之计。

从维熙：韩城是一个让人感动的地方

　　这是我第一次来韩城，这个地方真好，我是1933年生的，虚龄度过了83，但是韩城我是一定要来的，为什么？因为这儿是司马迁的故土，司马迁出生的地方。司马迁当年写《史记》，从古代三皇五帝，一直写到了荆轲，最后他坐了监狱，几乎死在这里。我之所以对司马迁充满了无比的崇敬，就是因为我跟司马迁生活经历有着极其相似的地方。韩城躺着伟大的司马迁的亡魂，他是有良知的文化人，是愿意对中国未来付出全部努力的文化人，一个把文学当作飞鸟，而不是当作风筝的文化人，是一个值得我们遵循、叩拜的文化先祖。看见司马迁的雕塑，还有周围的群雕，我感到非常激动。

张大可：高品位写一部韩城地方史

　　我心中的韩城是一块圣地，因为我到韩城大概有八九次了，第一次是1983年来的，那个时候很落后，我到司马迁祠是从招待所租一个自行车骑过去的，现在是日新月异。韩城这个城市在宋朝开始建成，传统文化非常丰富，我建议

韩城市政府好好打造一本书,什么书呢? 就是把韩城提到一个非常高的品位来,写一本韩城的地方史。我想这是一个文化名都,不要局限于韩城市,要像司马迁那样走出去请进来,我觉得应该好好把这本书写好,因为本身有这些东西,这是第一个。第二个,司马迁的老家有个华池村,建议把华池司马靳的陵墓恢复一下,司马迁的军事学和经济学为什么写得那么好,因为司马迁祖上出了好几个将军和管理全国经济的高端人才。司马迁的人格非常高大,有史学的渊源、经济学的渊源,这是韩城非常值得挖掘的地方,所以我的建议是好好写一本书,因为司马迁是很有代表性的人物。

蒋子龙: 自然而质朴的韩城

我觉得坐在这儿,说什么都是太轻了。比如眼前的这四棵古柏,哪一棵古柏都比我有文化,深不可测。那个院里还有一棵千年古槐,同样是古树,它们的纹理、形状、树叶完全不一样。我们当今的文化形态,体制等等,也应该从这儿得到巨大的提升。韩城,它的古树、文庙保护得很好。这个地方的文化、脉络没断,历史的纹理非常清晰,中国的传统,孔子的教导,司马迁的遗风,

都可以清晰地感觉到。甚至刚才看的那个演出，都非常亲切、非常感动，以中央电视台为代表的主流文化当中，很少听到这样的旋律，很少听到演员放声歌唱。在城隍庙唱民间的情爱，多么自然、多么质朴。

肖云儒：把韩城建成中国重要的文化博物展示地

今天是"博物馆日"，"名家与韩城"对话活动在韩城市博物馆举行，在博物馆现场纪念"博物馆日"，谈论博物馆升级提升的议题，非常有象征意义。这里是韩城的博物馆，而韩城是中国的博物馆。韩城荟萃了中国各种文化的表达体系，首先它有物态的文化保存，包括元代建筑、党家村古建筑。党家村是几百年建筑的原汁原味的保存，而且党家村里面还生活着人，它是活体的文化保存；其次它有形态的文化保存，比如我们刚刚看的韩城行鼓、社火等民间艺术；再次就是有神态的文化保存，这就是以司马迁为代表的、中华民族的人格精神。

司马迁是历史学家，但是他留给后人最震撼的是他的人格精神，是那种秉

故事

129

笔直书、置生命与屈辱于度外而坚持史魂史德的精神。一个城市，一个三线、四线的城市，能够把中华民族物态、形态、神态的文化保存地这么好是少有的。韩城全城应该建成一个活体博物馆，韩城应该成为中国一个重要的博物展示地。

马力："敢为人先 埋头苦干"的韩城精神

　　心仪韩城很长时间了，有机会一定要到韩城看一看，这一次终于如愿了，而且选择的日子非常好，明天就是"中国旅游日"，今天是"博物馆日"。实际来韩城，主要是为一个人而来，这个人就是司马迁，所以一来韩城之后，马上就会感到一种气场，一种历史的气场、文化的气场。在我们入住酒店的广场上有几幅字写着"敢为人先埋头苦干"八个大字，这八个字是不是可以理解为是司马迁留给他的家乡，留给这座城市的一种人文精神，一种城市性格。先说敢为人先，司马迁作《史记》，他创造性的支点在于把过去春秋编年体变纪传体，

韩城民祭司马迁系列文化活动

130

虽然是写史，但是主体还是在人身上。再一个是埋头苦干，司马迁那个年代不像我们现在书写工具那么发达，《史记》是52万字，不要说放在汉代了，就是放在现代，这50多万字的一部大书也是巨著，没有一点精神是很难完成的。再有就是司马迁在写史的时候，基本每一段后面都有一段太史公曰，这也是他敢为人先的独到之处，所以我们读《史记》，不单是读历史，更是读作者本人的一种内在的精神状态。

王若冰：韩城与天水的渊源

进了韩城以后特别舒服，因为我的家乡天水跟韩城老城区景象特别相似。昨天我到小巷里走了一圈，感到天水和韩城的生活气息、文化气息非常相似，它们的历史渊源也非常深。我和秦岭都是天水人，天水人爱唱秦腔，我第一次知道韩城就是从秦腔名句"家住陕西韩城县，杏花村中有家园"里得知的，上学以后读了《史记》，知道司马迁是韩城人，到后来随着对社会历史了解多了以后，我就发现天水跟韩城之间的渊源还不仅仅只是这些。在战国时期，天水和韩城同是秦国管辖，只不过天水是秦国的西部边陲，而韩城是咱们秦国的东北边陲，比如最早秦国的长城就在韩城境内。另外，司马迁是咱们天水的女婿，司马迁的老婆是天水市天安人。历史上天水赵姓大概出了30多个非常有名的人，这些人也就是从韩城过去的赵公子的后代，可见韩城和天水之间深厚的渊源。

秦岭：追寻司马遗风

我最早唱的秦腔叫"家住陕西韩城县"，从此知道中国有个县叫韩城，上中学时从历史课本里又读到《史记》里面的部分篇章，从此知道太史公司马迁的遭难跟天水人李陵有关。有一次我带北京和天津的学者到天水去采风，大家都非常想写李陵跟李广的故事，但是两年过去了，谁都不敢动笔，我们现在追着司马之风，想追随他都是望尘莫及，由此可见当时太史公编写《史记》的魄力。今天我站在这个地方，太史公的故里，面对这些大树，面对这个季节，这些建筑，只能说在这个气场里我有一种感受，以后不管在哪里，我会记着这个地方给予我精神的一切。

故事

延川黄河蛇曲国家地质公园

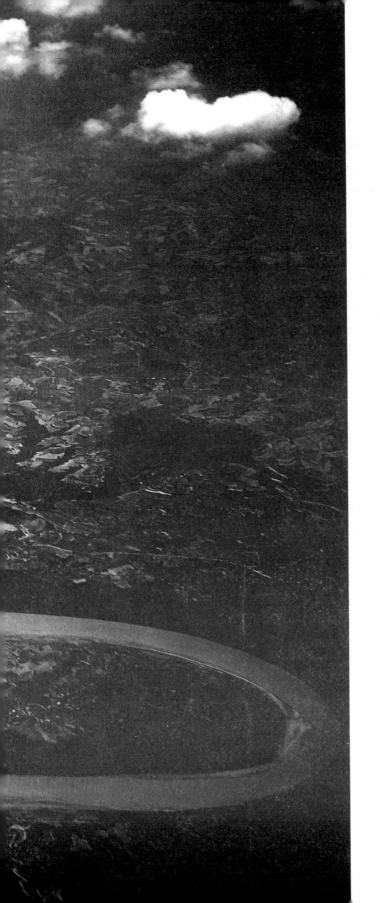

对话
DIALOGUE

讲述秦岭与黄河对话背后的故事

档案

太乙真人

对话地点风采录

秦岭终南山世界地质公园翠华山

　　西安秦岭终南山世界地质公园翠华山核心景区地处秦岭北麓，位于西安市长安区太乙镇，距市区 20 千米，主峰终南山海拔 2 604 米。景区集山、石、洞、水、林、庙等景观为一体，以秀美的湖光山色和罕见的山崩地貌而著称，素有"终南独秀"和"中国地质地貌博物馆"的美誉，是国家 4A 级景区、国家水利风景区、全国青少年户外体育活动营地。

这里山清水秀，景色如画，春可踏青，夏可避暑，秋可赏红叶，冬可滑雪，是陕西省内难得的一处原生态天然氧吧。景区内的翠华山滑雪场是西安首家滑雪场，被称之为"家门口的滑雪场"，每年冬季吸引大批游客尽享滑雪乐趣。

翠华山历史文化悠久，自秦汉唐起这里就被辟为皇家的"上林苑"、"御花园"，长安八大寺院围绕其周。汉唐两代曾在此建太乙宫和翠微宫，是历代帝王祭祀及游乐避暑之地。

翠华山景区旅游资源丰富，人文历史悠久，现存地文、水域、生物、人文等资源8主类31亚类155基本类型，堪称秦岭山水代表，尤以令人震撼的山崩地貌称奇，类型之全，结构之典型，保存之完整，规模之巨大，旅游价值之高，经陕西省科技情报研究所检索，国内外罕见，素有"中国山崩奇观"、"地质地貌博物馆"之美称。山崩遗迹总面积5.2平方千米，总体量达3亿立方米，位列世界第3位，最大山崩石块单体体积为89 640立方米，属国内最大。

最早有关山崩文字记载的是《国语》："幽王二年（公元前780年），西周山川皆震，是岁也……三川竭，岐山崩。"山崩发生时，巨石飞滚，响声震天，尘土遮日，能量极大。现在形成的山崩临空面、崩塌堆积、堰塞坝、堰塞湖、崩塌洞穴等山崩地貌，比较稳定、类型齐全、形态完整。

巨石崩塌堆积后，在巨石间形成了石海、石林、上百个洞穴。进入其中，到处是曲径幽深的地下、地上通道，仿佛进入迷宫，尤以冰洞和风洞最为奇特。风洞是由两块崩塌下来的巨石叠置而成的"人"字型狭长缝隙。由于岩石巨厚，缝隙长达40余米，阳光终年照射不到，洞内外温差大和狭管效应作用，形成了"过堂风"；冰洞在风洞附近，深入地下，洞口有对联："千载寒冷三九地，四季冰封六月天。"盛夏进入洞内，也能见到洞顶悬挂着的小冰柱。

山崩地貌从一个侧面反映了秦岭地质发展演化的历史，并具有构造地质学、地层学、岩相学等科学意义。为了让人们了解更多的地质科普知识和终南文化，2013年在翠华山景区修建了秦岭终南山世界地质公园地质博物馆，建筑面积3 200平方米，展陈面积2 460平方米，是全国多家院校的科普教学基地，免费向公众开放。

翠华山

太乙近天都，连山接海隅。

白云回望合，青霭入看无。

分野中峰变，阴晴众壑殊。

欲投人处宿，隔水问樵夫。

——唐·王维《终南山》

华山

华山是中国著名的五岳之一，国家 5A 级旅游景区，首批国家级重点风景名胜区，"中华十大名山"之一。东临潼关，南依秦岭，北环渭水，素有"奇险天下第一山"之称。距西安 100 千米，距西安咸阳国际机场仅一个半小时车程。310 国道，陇海铁路、连霍高速公路、郑西高铁贴景区而过，交通十分便利。

华山是五岳之西岳，据说是因周平王迁都洛阳，华山位于东周京城洛邑之西，故称"西岳"，以后秦王朝建都咸阳，西汉王朝建都长安，都在华山之西，所以华山不再称"西岳"。后来汉光武帝刘秀在洛阳建立东汉政权，华山又恢复了"西岳"之称，并一直沿用至今。

千百年来，华山以它的雄姿吸引了众多的游客，北魏地理学家郦道元在《水经注》中对华山有"其高五千仞，削成而四方，远而望之，又若花状"的描绘。古代"花"与"华"相通，可见华山之名实际上得自于形状。还有另一种说法是因华山顶上生长着白莲花，故得此名。

目前华山包括四大景区：华山主峰区、西岳庙景区、仙峪景区、玉泉院景区。华山有五大峰，即东峰朝阳，西峰莲花，中峰玉女，南峰落雁，北峰云台。五峰中南峰最高，海拔 2 154.9 米，为五岳中最高峰，西峰最险，海拔 2 082 米，北峰最低，海拔 1 614.7 米。高峰耸立，远眺如同一朵盛开的石莲花，其四周由坚硬的花岗岩组成。华山山体倚天拔地，四面如削，被誉为"奇险天下第一山"。多变的气候，使景区形成"云华山""雨华山""雾华山""雪华山"的人间美景；莲台佛光、云天弧光以及壮丽的日出、日落、云海、红叶等景观，更是构成了华山奇妙无穷、雄伟壮观、如诗如画的自然风光。景区内景点多达 290 余处，峻岭、怪石、云海、鸣泉、飞瀑、古迹遍布华山，凌空架设的长空栈道，三面凌空的鹞子翻身，以及在峭壁绝崖上凿出的千尺幢、百尺峡、老君犁沟、上天梯等多处绝险狭隘，其中华岳仙掌更被列为关中八景之首，令人无不感慨大自然的鬼斧神工。

华山是道教有名的"洞天福地"，为道教"第四洞天"。山上现存七十二个半悬空洞，道观 20 余座，其中玉泉院、东道院、镇岳宫被列为全国重点道教

宫观。玉泉院是中国北方一座有名的全真道观，每年这里都要举办重要的传经布道活动，香火旺盛，影响深远。

与华山主峰区遥相呼应的西岳庙景区，是历代帝王拜祭华山神的地方，是华夏最早的祭祀庙宇之一。西岳庙始建于汉武帝初年，距今已有 2 100 余年历史，气势宏伟、典雅古朴，素有"五岳第一庙"之称。庙内所展示的以祭祀文化为主流的山岳文化和华山的自然景观珠连璧合，极大丰富了华山旅游的内容。

"华山脚下的维纳斯"——仙峪景区，位于华山峪西 2 千米处，依华山之屏障，聚天地之灵气，融山水之精华，集自然与人文之大成，为世人展现出一幅唯美的艺术画卷。

档案

139

华山

西岳峥嵘何壮哉，黄河如丝天际来。
黄河万里触山动，盘涡毂转秦地雷。
荣光休气纷五彩，千年一清圣人在。
巨灵咆哮擘两山，洪波喷箭射东海。
三峰却立如欲摧，翠崖丹谷高掌开。
白帝金精运元气，石作莲花云作台。

——唐·李白《西岳云台歌送丹丘子》

司马迁祠

　　司马迁祠位于陕西省韩城市南10千米的芝川镇南塬上，距西安百余千米。司马迁祠墓始建于公元310年，距今已有1 600多年的历史。整个祠庙高耸在龙亭塬上，建于4个平台之上，占地104亩。东瞰黄河，西枕梁山，北为立壁，南临深壑，下有古车马道，凭高远望，气势宏伟。

　　司马迁，西汉著名史学家、文学家、思想家，今陕西韩城人，太史令司马谈之子。他二十岁后开始云游，足迹遍布祖国南北，采集传说，考察风俗。公元前108年，任太史令，他遍读宫中藏书，搜集资料五年，于公元前104年开始著《史记》，后因李陵案牵连，被汉武帝处以"腐刑"，但他坚强地活了下来，在55岁那年（公元前91年），终于完成了历史巨著《史记》，这部巨著共130篇，52万字，是我国第一部纪传体通史，开创了纪传体史书的形式，影响十分深远。鲁迅曾盛赞《史记》是"史家之绝唱，无韵之离骚"。

司马迁祠墓下边有祭祀广场，占地约18 000平方米，广场的两边是十二本纪景观园，共分为五帝文化、夏文化、殷文化、周文化、秦文化（包括秦本纪和秦始皇本纪）、楚汉文化（包括项羽本纪和高祖本纪）、吕后文化、文景之治文化（包括孝文本纪和孝景本纪）、武帝文化等九个景观区，以直观明了的石雕艺术为主要形式，配以景观小品、文字介绍及绿植等，景观雕塑全部为花岗岩雕刻。沿着祭祀大道西边走过去，仿佛穿越了中华三千年的历史隧道；在祭祀大道东边，项羽、刘邦、吕后、汉文帝、汉景帝、汉武帝等赫赫有名的历史人物呼之欲出，鲜活生动。

司马迁祠里有300年历史的"高山仰止"等牌坊，"高山仰止，景行行之，虽不能至，然心向往之。"寓意着司马迁人格如山，令人敬仰。汉太史司马迁祠墓东临黄河，西倚梁山，南接韩原，北绕芝水，选择这样一个风水宝地，是对这位饱受劫难的历史巨人的慰藉。这里也留下了许多文人墨客来此吊唁时所题写的诗文及所刻的碑石，其中最著名的是郭沫若的五言律诗。"龙门有灵秀，钟毓人中龙。学殖空前腹，文章旷代雄。怜才膺斧钺，吐气作霓虹。功业追尼父，千秋太史公。"韩城这个钟灵毓秀的地方，孕育了司马迁这样一位历史巨人，他将满腔的幽愤化作动力，写出了巨著《史记》，他的功业可以与孔子相媲美，确实是永垂不朽的太史公。

在太史祠内没有高大宏伟的建筑，没有富丽堂皇的装饰。无论是小巧的太公庙，还是较为高大的献殿、寝宫；无论是闻名遐迩的"高山仰止"牌坊，还是几乎不为人知的"护院"，无一不是古朴简素。建筑如此，道路也是如此，从韩奕坡，到朝神道，到九十九级台阶，到新修的磨盘路，都是以石铺砌，显得古朴而浑厚。司马迁祠墓虽然没有帝王陵墓的壮丽与豪奢，但却以一种特有的古朴自然之气势，清淡高雅之魅力屹立于天地之间，向世人诉说着司马迁多舛而伟大的一生，使草木为之含悲，山河因之动情。

文史圣地·司马迁祠

龙门有灵秀，钟毓人中龙。

学殖空前后，文章旷代雄。

怜才膺斧钺，吐气作霓虹。

功业追尼父，千秋太史公。

——郭沫若为司马迁祠题词

太白山

太白山是秦岭山脉的主峰，位于中国陕西省宝鸡市境内秦岭北麓，跨眉县、太白县、周至县三县。主峰拔仙台海拔 3 771.2 米，势如龙首、俯瞰南北、大气磅礴、伟岸挺拔，是中国大陆青藏高原以东第一高峰。唐代诗人李白在登临太白山时，曾写下"太白何苍苍，星辰上森列。去天三百尺，邈尔与世绝"的诗句。

太白山是中国国家重点风景名胜区、国家级自然保护区、国家级森林公园和著名的道教文化圣地。独特的地理位置和自然条件，巨大的海拔垂直落差和高耸入云的山形气势，瞬息万变的气候神姿，自古以来就以神奇、神秘、神圣、神秀、神异而著称。其地质地貌、山岳冰川、源泉秀水、森林群落、天象景观、奇花异草、人文历史构成了完整的世界级生态旅游景观体系。

太白山是东南亚地区最完整的山地生态系统，具有层次清晰的植被垂直带谱，是东亚地区山地垂直带划分对比的标准，也使其形成了"一日历四季、十里不同天"的奇特景观。据统计，太白山有种子植物 126 科 597 属 1 783 种，蕨类植物 21 科 40 种属 110 种，苔藓植物 62 科 142 属 325 种，食用、药用真菌 22 科 55 属 92 种。有独叶草、太白红杉等国家重点保护植物 47 种 1 亚种 3 变种，其中鞣质、观赏等可开发性植物就有 1 400 多种，太白山也因此被誉为"亚洲天然植物园"。太白山也是北半球同纬度带上生物种源最为丰富的地域之一，有兽类 72 种（亚种），鸟类 218 种（亚种），两栖类 10 种，爬行类 26 种，鱼类 8 种，昆虫 1 991 种。其中有国家一级保护动物羚牛、大熊猫、金丝猴、太白虎等 6 种，国家二级保护动物红腹锦鸡等 33 种。

在太白山海拔 3 400 米以上，比较完整地保留着第四纪冰川遗迹，也形成了角峰、刃脊、槽谷、冰斗、冰碛湖等冰川地貌。主峰拔仙台周围，大爷海、二爷海、三爷海、玉皇池等高山湖泊环绕分布，冰雪时而融化，时而冰冻，造就了石人阵、石塔、崩解岩石堆、冰川漂砾等景观。

以森林景观为主体，太白山景区形成了以苍山奇峰为骨架、清溪碧潭为脉络、文物古迹点缀其间，六月飞雪、万亩杜鹃、云海佛光、太白明珠等自然景观与人文景观形成了浑然一体的生动画卷。时任全国政协主席的李瑞环在太白山考察后评价道："在我国长江以北，气势如此之大，景色如此之美，科学价

值如此之高，离大城市如此之近的自然景观实属罕见，很有进一步开发的价值。"

除自然景观资源外，太白山文化旅游资源也博大精深，山间的道教、佛教景观、褒斜古道等文化遗存、罕见的古建筑群随处可见，庙宇、石碑、铁碑、铁佛、木雕像以及铁钟、铁炉、铁瓦等古文化遗迹内涵丰富。相传拔仙台为商周之战后姜子牙封神拔仙，奠定365位神仙职位的地方，山上按道教神仙谱系建立起来的太白庙、文公庙、南天门、药王庙、老君殿、拔仙台等庙宇建筑群，可谓是"十里一寺，五里一庙"。山下的横渠书院，是北宋著名理学家、关学奠基人张载生活和讲学的地方，因此太白山也是宋明理学重要学派关学的发源地。太白山堪称秦岭山脉景观群和文化魅力的集大成者。

档案

太白山·拜仙台

太白山南连武功山，

于诸山最为秀杰，

冬夏积雪，

望之皓然。

——北魏·郦道元《水经注》

战略合作铸品牌

一个活动品牌的诞生，需要创新性、影响力、持续性、精细化、严谨度等多方面因素的综合支撑。"秦岭与黄河对话"在具备了上述因素之外，还有它更独特的理性化与市场化循序渐进的完美融合，以及不同领域传播媒介的有效整合与逐年逐届优势整合而形成的影响力倍增。

连续三届的"秦岭与黄河对话"，在媒介传播载体、战略合作方面呈梯次形放大状态。首届"对话"开启时，陕西省旅游局即选定了当地卫视与香港凤凰卫视联动传播模式，使"对话"活动通过当地卫视现场直播、凤凰卫视现场录播后全球播出的方式，让国内外亿万电视观众真实感受到了陕西之美、秦岭之秀、黄河之壮观和三秦大地风光的大美雄姿。

2014年"对话"活动移师华山北峰，其直播、录播载体也扩大到了台湾卫视，形成了大陆、香港、台湾三家卫视携手聚焦"对话"，通过香港凤凰卫视、台湾东森亚洲电视向全球播出"对话"实况，进一步提升了陕西旅游的知名度，扩大了"秦岭与黄河对话"活动品牌的国际传播效应。

第三届"对话"策划之初，陕西省旅游局局长杨忠武要求在有限的预算资

档案

金内，进一步提升活动影响力，通过立体传播效果更好地讲述陕西故事，发出陕西旅游好声音。根据这一要求，西北旅游文化研究院在巩固和创新三家卫视战略合作的基础上，再与陕西广播电视台都市快报广播合作，山东、山西、河南、陕西、甘肃、青海等沿黄河各省广播电台也倾情加入到了传播阵营。2015 年 5 月 18 日下午，沿黄各省广播电台派往"对话"现场采访的广播媒介负责人，在韩城签署了战略合作协议，宣告"沿黄省区广播电台旅游推广联盟"正式成立。5 月 19 日联盟各成员单位共同直播和连线传输了"对话"现场讯号。沿黄多省区广播电台历史上首次形成的战略合作，使"对话"现场的精彩场景通过整个黄河流域沿线各省互动，其声音传遍黄河沿线，在各地听到名家对话的车友对这场文化盛宴好评如潮，纷纷表示要走进陕西，亲身体验和感受陕西旅游的巨大魅力。

▲ FM99.9 正在直播活动

对话
讲述秦岭与黄河对话背后的故事

　　回想起 2015 年 5 月 19 日在韩城司马迁文化广场所举行的那场"对话"，许多人至今记忆犹新，当天，由三地卫视、知名网络以及沿黄省级广播电台共同组成的现场直播区阵容异常庞大，红伞之下呈"一"字状排列的直播长廊成为当天一道亮丽的风景线，这次直播也创下了综合性媒体直播旅游活动数量的最高纪录。

　　连续三年的"秦岭与黄河对话"大型系列活动，开创了国内旅游活动与香港、台湾知名电视媒介、国内著名网络媒介及当地新闻机构立体互动的新模式，而在此期间，各媒介不仅是活动影响力的传播者，更是"对话"系列活动的分项承办执行方和活动品牌的共同塑造者，这种旅游部门主办、知名媒体机构协办、旅游文化研究机构策划、专业公司承办的活动模式，最大限度调动了各方积极性，也铸就了一个国内知名的活动品牌——"秦岭与黄河对话"。

档案

探寻中华民族精神之根的成功尝试
——参加"秦岭与黄河对话"主题宣传活动感受点滴

王若冰

从 2013 年开始，我已经连续三年参加"秦岭与黄河对话"活动了。虽然每次都是作为特邀嘉宾在台下听各位专家谈秦岭、黄河与中华文明起源、中国传统文化、陕西旅游之间的关系，但第一年世界地质公园翠华山、第二年西岳华山、第三年黄河岸边的韩城司马迁广场特定的自然与文化环境，每年常新的"对话"主题，不仅让一场原本为只为配合 5 月 19 日"中国旅游日"举办的旅游主题宣传活动，充满浓郁的文化精神氛围，也让我愈来愈深切地感受到，这种以中华民族"父亲山"秦岭和中华民族"母亲河"黄河为言说主体的"对话"活动，与其说是以推介古老三秦大地自然山水为目的的旅游促销宣传活动，倒不如说是一次借助山与河"对话"梳理、探寻遍布陕西大地古老深厚中华民族精神的成功实践。

2013年5月19日，当一场"父亲山"与"母亲河"的"对话"在大秦岭最有人文与地理标志意义的终南山一隅——翠华山世界地质公园拉开序幕的时候，已经注定这场以最具中华民族精神标识意义的一山一水为"对话"主体的活动，将成为最具启示意义的中国旅游业文化与旅游深度融合的重大事件。三年之后，再次回视一年一度的"秦岭与黄河对话"时我感觉到，"对话"活动不仅仅是向海内外游客推荐陕西境内丰富多彩自然山水、古老悠长历史文化的成功展示，每年"对话"活动以不同主题、从不同侧面阐释秦岭、黄河与三秦大地、中华文明及中国传统文化之间不可分离血缘关系的人文指向，才是让一个原本仅为陕西本土旅游促销宣传而举办的活动的影响力超出业界和陕西本省，成为海内外媒体、省内外旅游及文化界愈来愈关注的焦点的根本。且不说每次"对话"不同场所——翠华山、华山、司马迁故里所展示的三秦大地自然山水之美、历史文化之丰富与独特，单就是2013年在终南山解读中华文明，2014年于西岳华山之巅对话丝路文明，2015年在史圣故里谈论"新丝路、新起点、新旅程"，步步深化、丰富多彩的对话，就足以证明"秦岭与黄河对话"活动不仅已经成为具有巨大影响的陕西旅游品牌，而且还是一个极具生长前景、具有无限挖掘潜力、可以超越时间与空间、不断推陈出新、极具可塑性的文化旅游品牌。因为连续三届"秦岭与黄河对话"实践告诉我，这种基于自然山水游与人文历史游相互叠加、互为映照的活动，将现场实景展示、名人名家对话辩析、现场观众及主持人互动融为一体的形式，既有宜于调动观众和读者情绪，又充分利用名家对话解读引导观众和读者入情入境，读山读水，体味山川大地文化精神之美，实在是策划者另辟蹊径向观众和游客提供的一种雅俗同赏的山水文化沐浴之旅、追寻中华民族人文精神的历史文化畅游。

影响力和传播力愈来愈广泛的"秦岭与黄河对话"虽然举办了三届，且已经取得巨大成功，但从长远来看，要让"对话"真正成为具有全国乃至世界影响的文化旅游品牌，尚需有足够的时间对"对话"主题与"对话"空间进行持续不断的挖掘与开拓。比如在主题上，将来是否可以将秦岭、黄河与中华文明、

档案

中国历史文化之间的联系分门别类，从自然地理、历史文化、诗词歌赋、人文类型上每年确定一个主题，进行深度解读？在空间上，是否可以借助"一带一路"展开跨省区甚至跨国界"对话"活动，举办类似大秦岭与阿里山、大秦岭与阿尔卑斯山对话，或者举办黄河与长江对话、黄河与多瑙河、密西西比河对话？这一切，都需要在"对话"活动持续不断举行的过程中进行大胆创新、不断尝试。

　　秦岭、黄河是陕西的，也是中国的；秦岭、黄河的自然美景及其所孕育的历史文化、人文精神是全人类共有的宝贵物质与精神财富，如果将已经气象初成的"秦岭与黄河对话"触角与影响力推向全国、延伸向全世界，陕西旅游及陕西文化影响力也必将随着"对话"声音所及，传遍全国、影响世界。如此，我们不仅可以为陕西旅游作出更大贡献，也将为"一带一路"建设和重建中华民族文化精神自信作出应有的贡献。

（作者系著名作家、诗人、秦岭文化学者、陕西省旅游文化顾问）

对话
讲述秦岭与黄河对话背后的故事

亲历者眼中的"对话"

对话·盛会

崔宁

横贯中原腹地的秦岭壁立千仞、伟岸强劲，贯穿秦晋交界的黄河波涛汹涌、奔流不息，如果说秦岭代表了民族精神的高度和厚重，那么黄河则象征了华夏文明的长度和活力。秦岭与黄河在陕西东部一横一纵交汇，注定让三秦大地成为中华文明的坐标原点。

始于2013年的大型主题文化活动——"秦岭与黄河对话"生来就被赋于不同寻常的意义，陕西旅游以襟山带河的磅礴气势，让秦岭与黄河每年"对话"

一次。

　　三年以来，"秦岭与黄河对话"活动举办地从翠华山到华山再到韩城，让所有人不仅领略到陕西深厚的历史文化积淀，也欣赏到三秦壮丽的山水风光，不仅聆听到专家学者的高超智慧，也感受到家乡父老的满腔热情，活动内容精彩丰富，形式变化多样，每一次活动都能让你从全新视角认识陕西旅游和陕西文化。

　　几位旅居国外的朋友，每到 5 月 19 日"中国旅游日"，都会通过微信向我索要"秦岭与黄河对话"活动的现场照片和专家对话的详细内容，问其原因，他们回答说首先是活动的名称太吸引眼球了，其次是活动的内容有新意，而专家们的对话既有广度又有深度，既是在解读当地历史文化又在给旅游发展出谋划策，这种高端交流和智慧切磋能让他们感受到陕西旅游强烈的号召力，以及中国旅游脉搏的跳动。

　　我常在中西部做旅游规划和设计，说起陕西旅游的重大事件，项目委托方谈得最多的一个是丝绸之路起点，另一个就是"秦岭与黄河对话"活动。在大家看来，资源禀赋固然重要，领导人的重视也很关键，但唯有"创新"才是可持续发展的核心动力，"秦岭与黄河对话"是旅游营销的创新，更是陕西文化创新的表现。也正因为这样，"对话"活动才受到全省、全西北乃至中外旅游界的重视和瞩目。

　　感谢三年来为此不断付出努力的主办者、协办者，有了他们夜以继日的精心谋划、认真组织、反复协调、积极联络，才将这一场场高规格的文化旅游盛宴呈现在世人面前。也感谢"对话"的每一位参与者，有了你们的热情支持，"对话"才成为陕西旅游智慧的交流和切磋的平台，以及陕西旅游充分展演的大盛会！

（作者系旅游专家、陕西省旅游设计院院长兼总规划师）

来自秦岭主峰的邀请

马少辉

2013 年 9 月，我调任太白山国际旅游度假区管委会副主任，主管太白山宣传营销及景区运营工作，并负责太白山创建国家 5A 景区的具体实施工作。2014 年 5 月 19 日"中国旅游日"，恰好是太白山重建开园的重要日子，"秦岭主峰地 仙境太白山"再次成为陕西一张重要的山水旅游名片。同一天，在华山之巅面向全国开启了第二届"秦岭与黄河对话"活动。秦岭是中华"父亲山"，黄河是中华"母亲河"，这一山一河不仅孕育了远古的人类先祖，还成就了今天全民旅游时代中大山大河的自然美景。而每年一届的"中国旅游日"陕西省主题活动"秦岭与黄河对话"无疑是对陕西旅游一次次更加深入的历史人文回顾，和更加深邃的旅游前景规划与展望。

太白山开园两年来，在眉县县委、县政府的正确领导下，太白山旅游区管委会在全面升级景区基础设施建设的同时，坚持把宣传营销作为提升旅游人气的重要举措，并在全国设立 36 处驻外旅游招商联络处，向全国旅游爱好者推介秦岭主峰太白山的四季旅游产品。太白山营销中心坚持利用高端主流媒体进行宣传营销，通过具有创意的、丰富多彩的营销活动，提升景区人气。目前，太白山国际旅游度假区已经实现太白山天下索道、佛云阁索道、红河谷神仙岭索道三索联运，打通重要景区旅游环线。此外，太白山滑雪场以及太白山漂流、太白山水上世界、太白山龙凤广场瀑布群、太白山炫彩音乐喷泉、庵岭古镇民俗风情园、逸乐生态园、渭河百里画廊等娱乐休闲旅游项目，已经成为了休闲度假、观光游览、户外穿越为一体的太白山大旅游圈。不仅如此，太白山还以 5A 级景区服务标准为参照，以国际化服务理念、细节化人文关怀为主，热情服务每一位太白山游客。2015 年底，太白山顺利通过国家 5A 级景区景观质量评审。2016 年 4 月，大型纪录片《秦岭主峰太白山》在 CCTV-9 连续热播，人

民网、腾讯网等各大网站在第一时间纷纷转播，网络点击率直线攀升，"太白山"一度成为网络搜索热词，在国内外的知名度大大提升。这一系列营销工作的努力为太白山旅游区带来了最直观的旅游人数和收益。2016年"五一"小长假期间，太白山景区三天累计入园人数5.46万人，同比增长44.6%。旅游区接待游客36.2万人次，实现旅游综合收入7 880万元。

在秦岭主峰之上举办一场"秦岭与黄河对话"，对太白山景区以及陕西大秦岭生态旅游来说无疑都有着重要的意义。经过太白山管委会和"对话"活动组委会的多次沟通协商，2016年"秦岭与黄河对话"活动地点终于花落太白山。届时，专家团队以及各大旅游社人员可以乘坐天下索道，直接到达海拔3511米的"天圆地方"景区。这里往上可以遥望秦岭最高峰——拔仙台，往下可以俯览关中万千沃土，黄河与长江便是在此处分道扬镳，滋润了大江南北的土地。这一"对话"活动地点无疑是完美的。

　　为了学习承办"对话"活动的经验，我特意带队参加了在黄河之滨韩城司马迁祠举办的第三届"对话"活动。专家们对"史记韩城 黄河特区"的精准解读以及对司马迁文化旅游的前景规划都堪称经典，现场的听众们回应了阵阵掌声。陕西卫视的现场直播、台湾东森亚洲卫视及香港凤凰卫视的转播，让"秦岭与黄河对话"活动传播到了两岸三地。加上各大媒体、网站铺天盖地的宣传，让这场活动变成了家喻户晓的旅游活动大事件。作为下一届活动的承办方，身在其境的我对2016年秦岭之巅太白山即将上映的"秦岭与黄河对话"充满信心。太白山国际旅游度假区也将借助于此次活动将"秦岭主峰地·仙境太白山"的美景更大范围地宣传出去，打造"中国的大秦岭·世界的太白山"的国际旅游大格局。在此，我谨代表太白山向社会各界发出邀请，欢迎大家来太白山，共同参与秦岭与黄河的精彩"对话"。

（作者系陕西太白山旅游区管委会副主任）

档案

秦岭与黄河的文化碰撞

董汉青

　　秦岭与黄河是中国的两大地理标志，也是中华民族精神的象征。"父亲山"秦岭象征着中华民族的脊梁，"母亲河"黄河养育了中华民族，诞生了中华文明。凡是有大山大河的地方就会有人类文明的发祥，秦岭与黄河就是中华民族人文精神的所在地。陕西省旅游局局长杨忠武同志创意、策划的"秦岭与黄河对话"活动，通过专家、学者、名人、文化人及领导的对话，不仅是畅谈历史、博古论今，弘扬中华民族的历史文化和思想精髓，更是通过对话碰撞出思想的火花，在深入挖掘历史文化的基础上，创意出新，引导旅游业的发展，树立旅游品牌。"秦岭与黄河对话"活动举办了三届，已经成为著名的旅游品牌，成为我省旅游发展的思想源、文化源和策划源。

（作者系陕西省旅游局国内（港澳台）旅游事务处处长）

安塞腰鼓
▼

传播生态大美　汇聚人文情怀

马秀红

从炎黄始祖到西周礼乐，从秦汉雄风到盛世唐朝。秦岭孕育了中华原生态文明，黄河滚滚波涛穿过，勾勒出三秦大地优质浓郁的人文密码。作为每年陕西5月19日"中国旅游日"的重磅活动，陕西旅游以"秦岭与黄河对话"的创意策划，别开生面地将山水人文、大美陕西的丰厚旅游资源细密串连，向世界展示陕西旅游资源大省的独特魅力和集群发力。

作为土生土长的陕西人、陕西旅游人，怀揣着对陕西的由衷热爱与热忱，我有幸跟随着每年"秦岭与黄河对话"大型活动的节奏，纵观陕西旅游强势发展的征程。2014年5月17日，我在"中国旅游日"来临之际成为当年"秦岭与黄河对话"自驾取水活动黄河取水队队长，三天的行程中，抱着传播生态，展现大美陕西美丽蓝图，推广生态旅游及"文明旅游"的美好愿景，我和20多名取水队员踏上了横贯西东的取水行程。

听景不如看景，参加完庄严与热闹并存的启动仪式，伴随着车轮滚滚，邀请陕西著名书画学者卫双良同行，取水活动正式开启。放飞心情，感受人文，取水的沿途我仿佛变成了一个求知若渴的孩子，不论是每一处取水地，还是一朵花、初生的太阳、落日的余晖，都成了行程中让人快乐与满足的简单理由。

在泾阳泾渭交界处采集泾河水，遥望"泾渭分明"成语中所描绘的山水奇观久久不能平静；穿越大美铜川，用双眼丈量耀州瓷见证历史的兴衰历程；抵达华夏之源黄帝陵，在炎黄子孙的发源地缓缓将洛河支流沮河水捧起；行走在"源出昆仑衍大流，玉关九转一壶收"的壶口瀑布，体味到"君不见黄河之水天上来，奔流到海不复回"的雄浑大气；当然还有风追司马，千年而立静静守望史圣的司马迁祠前的芝川水；诗经中《关雎》的发源地秀美洽川，一曲国家非物质文化遗产上锣鼓华丽开场，取水活动以泳衣美女款款步入河中舀洽川水传于队员，伴随着清冽的洽川水被队员们手手相传灌入壶中，令人久久难忘。

看云山雾海，满目苍翠。听林间溪流歌唱，说不尽的欣喜。收获美景，感知人文，在一桶桶汇集四方之源黄河水聚集的同时，"大美陕西"波澜壮阔的旅游全域美景更成为此次活动难以名状的独家福利。

作为"秦岭与黄河对话"自驾取水活动的亲历者，途中穿越泾阳—铜川—黄陵—宜川—韩城—洽川，最后抵达华山将沿途取水汇聚，带往华山浇灌"华山松"。一次活动，一场秦岭与黄河的时空对话，不仅是一次山水美景的深度融汇，更代表了人类对环境、对生态、对山美水美的家乡环境不竭的追求。

历时三天，兵分四路，总行程 5 000 余千米的取水活动，不仅将陕西的大秦岭山脉，以行走与汲水的形式轻拂感知，更为陕西旅游注入了无限的生机与发展动力。这不仅是一次丝路情怀浸润下"父亲山"与"母亲河"奏出的绝美山河回响，更通过山与水的"对话"展现了大美陕西无与伦比的人文美、自然美、文化美和现代美。潜移默化地为推广陕西旅游公众环保理念、生态文明行为及"文明旅游"意识做出了贡献，让 3 700 万陕西人民从中感受良多，体会到生活在三秦大地更多的自豪与惬意。

（作者系《三秦都市报》经营中心总监）

亲历者眼中的"对话"

汉江山水行

马璐

5月19日，中国旅游日。2013年陕西省旅游局首次以"秦岭与黄河对话"的创意活动，向广大游客展示了"山河竞秀"的陕西旅游新格局、新风貌。2014年陕西省旅游局再度开启"秦岭与黄河对话"，将"对话"主题扩展至"丝路文明"，希望通过"对话"活动把丝绸之路起点——陕西的人文美、自然美、文化美、现代美宣传推广到海内外。

档案

金龍河漂流

水是生命之源，万物之本，潺潺溪流，汇聚成海。作为"秦岭与黄河对话"的序曲，"穿越大秦岭，聆听黄河风"全国首次省域自驾采风取水公益活动，呼吁更多的人增强环保意识，爱护人们赖以生存的水资源。3天时间，由旅游媒体组成的黄河、渭河、汉江、丹江四条自驾采风取水团走进陕西境内，采集江河水样。有幸成为四支队伍中的一支，我们是以《中国旅游报》陕西记者站和《西北旅游》杂志为主的旅游媒体——汉江自驾采风团，这一世转山转水不为轮回，只为梦回汉江，朝圣华岳。

听斜风细雨曲高和寡

时间：2014 年 5 月 16 日　**天气**：阴转小雨

5 月 16 日早晨，一切好像和往常一般没有变化，但是对于我来说，却是很不寻常的一天。当从陕西省旅游局副局长陈清亮手中接过象征本次取水活动的队旗时，心却突然宁静下来，轻轻挥动手中的旗杆，抬头看旗帜飘扬与天地间尽情翱翔，豁然开朗。呼唤着队友，驱上爱车，我们出发了。

"路漫漫其修远兮，吾将上下而求索"，每一次启程都是一种追寻，行走在路上，不止为沿途的风景，更为凝聚的力量。第一站我们来到宁陕筒车湾景区，将在这里取得我们此行的第一桶水——汶水河水。刚到景区门口，工作人员已经等在了那里，用最灿烂的笑容表示对我们的欢迎。筒车湾景区是陕西省仅有的三家水上项目中的一家，始建于2007年，2008年正式对外开放。来到这里，最不能错过的就是漂流。尤其是在这炎热的季节，来场刺激的漂流，是多么妙不可言。

汶水河是汉江流域最大的支流，发源于秦岭深处。我们坐在漂流筏上，穿着救生衣，轻快地划到湖中心，将象征原生态的木桶运到岸边，由我们队的文化名人王若冰先生将此次取水途中的第一瓢水舀到我们带来的水桶中，然后景区负责人、工作人员、队员们将水舀到水桶里。希望自己微薄的力量能够把更多的人带动到保护水资源、保护大秦岭、保护生态环境中来，呼吁人们保卫我们的共同的家园。筒车湾景区经理吴志刚说，"陕西省旅游局在中国旅游日举办这次取水活动特别有意思，作为景区非常欢迎，非常欣慰，这次活动对景区外沿的延伸和宣传都会起到积极的作用"。

时间关系，我们马不停蹄地前往下一站——石泉。一直以来都对这个"清泉石上流"的地方充满着好奇。期间石泉旅游局工作人员一直和我们联系，关注我们的行程，也让我们提前感受到了石泉人的热情。最美的风景在路上，这是对前往石泉这段路途中最直白的诠释。一路上，青山绿水相映美，蓝天白云互为衬，白雾从山间慢慢地升起来，飘飘忽忽，仿若仙境。点点细雨微落，装饰着青山晶莹的梦。同行的队员们一直高呼"太美了！"

到了石泉，跟随石泉旅游局的车来到了熨斗古镇。下车的时候，还在下雨，整个古镇给人一种游离于尘世外的感觉。石泉县旅游局党组书记张昌斌与王若冰老师热络地交谈起来，他们的心中都有一个关于秦岭的梦。在古镇的古戏楼上，王若冰老师现场挥毫，为石泉题字，"石泉十美"写给石泉旅游，"学海无涯"写给熨斗古镇，"燕翔洞天"写给燕翔洞，祝愿石泉旅游发展越来越好，"石泉十美"。

随后我们来到燕翔洞景区，取我们此行的第二桶水——富水河水。刚到景区门口，锣鼓声阵阵，原来是采莲船、威风锣鼓等民俗节目为取水活动助兴。在燕翔洞富水河边，我们采取红绸接力的方式将水桶放在红绸上，由一个人传递给另一个人，不间断地把水桶传到岸边，并希望通过这种方式把本次活动的意义传递下去，把环保意识传递下去，也把大美陕西传播出去。取完水后，我们一行还乘竹筏游览燕翔洞，在船上，大家聊得不亦乐乎，说到动情处，张昌斌书记忍不住唱起了当地民歌，划船的袁叔也跟着调子唱了起来，欢快的歌声飘荡在山水之间，传得很远、很远。

看青山妩媚流水有情

时间：2014 年 5 月 17 日　**天气**：晴

经过了一晚的休息，吃过早点后，我们又出发了，这次将前往安康瀛湖，我们将在这里取两桶水——汉江水和岚河水。岚河是汉江的一级支流，在瀛湖交汇处，我们将沿不同方向取水两桶，这让大家都充满着期待。到达瀛湖的时候天气也如每个人的心情一般暖洋洋的，天蓝得纯净，湖水在阳光的照射下散发出夺目的光彩。景区工作人员特地为我们准备了一条大船，我们把队旗插在船头的旗杆上，看迎风飘扬多畅快，大家都争先恐后地和旗帜合影。

在景区工作人员的指引下，我们来到了汉江和岚河的交界处，由王若冰老师在船的左边用原始的绳子系桶吊水的方式取岚河水，瀛湖景区的徐谱从船的右边取汉江水，然后全体队员和随船的导游小姐一起把水分装在我们带来的桶中。大家站在船头，轮流抱着桶欢呼、合影，这氛围感染了每个人，仿佛我们取到不是水，是这世界的真、善、美，需要用心呵护，妥善收藏。返程时我们更多的心思都在这大美山河中，绵绵的水域山环浪涌，泛舟在湖面，感受汉水风韵的诗情画意。大家懒洋洋地放松身体靠在椅背上，任微风在耳边轻抚，虽然我们是坐在普通的大船上，但是那一刻感觉好像飘在云端。渐渐地忘记了时间，忘记了地点，与天地同在，安享恬静的时光。

带着已取好的汶水河水、富水河水、岚河水、汉江水，我们将前往最后一站取水点——柞水溶洞，取乾佑河水。柞水县旅游局局长赵绪文、副局长王丹及柞水溶洞经理霍海东都在景区支持这次取水活动，许多准备返程的游客听说这里有取水活动，都留下来见证。景区还安排了渔鼓民俗节目，舞蹈《欢聚一堂》《我家门前过大兵》欢快喜庆，傣族舞《雨竹林》充满异域风情，还有很

多有特色的节目，吸引了阵阵掌声。王若冰老师再一次被邀请题字并讲述与柞水旅游的渊源。柞水溶洞是西北地区开发最早的溶洞，拥有大大小小溶洞 118 个，现开发 3 个，有开发价值的 17 个，景观很集中，色彩明快，起伏颠荡。既有可与瑶林仙境媲美的喀斯特溶洞群，又有山清水秀风光迷人的山峰美姿，是一处难得的以溶洞和自然景色为主的旅游区。在柞水溶洞经理霍海东的眼中，柞水溶洞就像一篇隽永的文章，有开始，有铺垫，有高潮，有结尾，高低起伏，扣人心弦。

我们在柞水溶洞的小瀑布下取水，由穿着表演服饰的姑娘陪同柞水县旅游局局长赵绪文、柞水溶洞经理霍海东、文化名人王若冰一同取水，至此，我们的五桶水顺利取到。柞水县旅游局局长赵绪文表示，柞水旅游主要是以山水景观、生态旅游为主，在旅游开发中，以保护为主，贴近自然。通过对景区的打造，提高了当地人民的居住环境，更好地保护了大秦岭，实现了人与自然的和谐共处。赵绪文还说，这次活动非常有意义，作为柞水县旅游局局长，他预祝本次活动圆满成功，也为乾佑河的水能孕育华山松感到骄傲。王若冰也表示，他是带着一种对秦岭、汉江真挚而热烈的情感参加的这次汉江取水活动，这次活动的成功，离不开当地旅游部门、社会各界的支持。他希望我们汉江队的每一个成员，能够把这次取水活动作为进一步关注秦岭、关注汉江生态、历史文化的一个新开端，保护中华民族的"父亲山"、"母亲河"。

感华山融水其乐融融

时间：2014 年 5 月 18 日　**天气**：晴

早晨 8 点，队员们在队旗上庄严地签下自己的名字，既是对参与这次取水活动的一种纪念，也是对自己的宣誓，取水活动的意义将永远延续在以后的生活中，也将带动周围的人参与到保护环境中来。将布满签名的队旗握在手中觉得特别有力量。我们把五桶水整齐的摆在后备箱中，向华山进发。

4 队，150 人，行程 6 000 千米，在陕西全省境内采集的 24 条江河水样在这里融合，并由文化名人、自驾团队、媒体记者代表一起送上西岳华山，浇灌珍稀树种"华山松"，彰显了江河大爱、生态文明、人与自然和谐共生的理念。行进过程中，各队队员在沿途传播江河文化，各自驾团全程进行微博、微信直播，使活动得到了良好的传播，引起了不少网友对生态环保的广泛关注与响应。在现场的很多朋友看到融水的那一刻都哭了，而感动之外更多的是欣慰和满足。我们每个人提了一小桶水，乘坐北峰索道，到华山上把我们取到的融合三秦之水浇灌给华山松。迎着阳光，看大美山河多壮阔。

三天两夜的汉江取水顺利完成，这一次呼吁大家爱护环境、保护生态的行动将被铭记，这段在行走中筑起的友谊将永不消散。

（作者系《西北旅游》杂志编辑部副主任）

亲历者眼中的"对话"

活动执行者感言

每一场大型活动成功的背后，都有无数精心周详的策划和一个执行力强的团队；每一场大型活动结束之后，也是策划执行团队总结得失，寻求下一次华丽起航的开始。三届"秦岭与黄河对话"活动的背后都有哪些不为人知的难忘故事？担当策划与执行任务的西北旅游文化研究院与西北旅游传媒的工作人员有哪些感受与体会？现在让他们来告诉你。

占方（统筹协调）

所有的困难与辛苦在成功的那一刻全部都化成幸福与满足，这是我每次参加完活动后的感受。其实对于一个已经参加过单位诸多活动的老员工来讲，我深知每次活动会带来的巨大压力、困难和辛苦。但我更明白每场活动的意义和重要性，因此要尽量克服一切，全力付出、执行。我想我的同事、伙伴们也与我有着同样的感受，因此能够向着同一个方向去努力。我们的合力所获得的一个个成功便是这份努力最好的证明。

"秦岭与黄河对话"活动已进入第三个年头，每年的主题不同、话题不同、嘉宾不同、地点不同、风景不同，唯一相同的是我们所追求的创意和完美。创意源自智慧，而完美则来自各方的合力与凝聚的心。2015"秦岭与黄河对话"，毋庸置疑是充满创意、力求成功的。

晁瑞（新闻主管）

在2015年"秦岭与黄河对话"获得各界盛赞的时候，也是活动策划及执行者回归本质，找出问题，准备着下一次华丽起航的最佳时机。

本次活动共有10大分项活动，我们需要直接承担的是9项活动。在时间紧、分项活动密集的情况下，为了达到最好的新闻联动，我们及时完成了各个阶段的新闻策划与执行，且每次重要活动都及时协调了好的摄影作品共同发到公共信箱，便于没有到达主会场的新闻媒体及时传播。各大媒介600余条的联动发稿也证明了这样的方式是正确的。本次活动启动的"新闻日报"制度也做到了随时掌握活动宣传进度的直接效果。

在以后的工作中，还是要更加细致地提前进行工作部署与安排。此外，"秦岭与黄河对话"作为陕西省旅游局主办、西北旅游传媒策划执行的品牌活动已历时三届，在未来的策划中，更应多注重与文化界、学术界的互动，同时将公益项目做为提升活动品牌影响力的一大策划点，将活动真正变成全民参与、点面结合，既深入人心又高大上的品牌活动。

严俪洁（策划协调）

一场活动的成功离不开天时地利人和。在"秦岭与黄河对话"这场两岸三地直播的活动中，天时与地利意味着选择一个风景、环境有独到优势的场地；人和则是活动成功的关键所在。为了这场活动的圆满，在筹备过程中，我们必须考虑到所有不确定因素，所以需要前期反复地考察活动现场、研讨节目安排以及有可能发生的状况的应对措施。

档案

通过此次活动，我认识到活动策划中与各部门沟通是至关重要的，实时掌握他们的各项工作筹备情况，才能有效推动活动的有序推进。正是有了这个协作共进的团队，我们才能将"秦岭与黄河对话"这场盛宴展示在大家面前。我相信今后的"秦岭与黄河对话"一定会有更大的提升，我也会更多地从活动中去学习。

王静茹（直播协调）

一场活动的影响力是否足够强大，离不开媒体传播这一环节。"秦岭与黄河对话"的成功在于全国媒体的轰动效应。第三届"对话"除了陕西卫视与凤凰卫视的联合直播外，还加入了台湾东森亚洲卫视。两岸三地的媒体联盟让"对话"活动成为全国最具影响力的活动之一。不仅如此，沿黄广播媒体的联盟宣传，更是影响了黄河沿岸各个城市无数的听众群体，其本身也成为一个好的噱头。

此次活动中在韩城当地举办的文艺演出，给了我小小的成就感。民族的才是世界的，就像蒋子龙老师说的，只有在这里才是放声的歌唱，不作不假，城隍爷听着也是很高兴的。当然，观众听着也是很高兴的。旅游中重要的体验就是各个地方不一样的味道，民俗不可缺少。

马璐（主场协调）

"秦岭与黄河对话"这场活动促进陕西旅游在传承中华文明、推广旅游产品方面形成海内外文化互动、市场互动中有重要意义。我很荣幸能够参加三届"对话"活动，见证陕西旅游业的蓬勃发展。印象最深刻的是 2014 年，我作为"穿越大秦岭·聆听黄河风"活动中汉江取水队的领队，从活动策划、活动执行，到最后的顺利取水、宣传生态环保，虽然辛苦，却也获得了许多的快乐，这一段经历会让我铭记。在 2015 年的活动中，我主要负责系列活动"名家与韩城交流会"，各位专家在现场所表现出来的儒雅大气、掷地有声、风趣幽默的风范让我折服，为专家学者点赞。辛苦意味着真心付出，我感恩每一次经历带来的成长，愿所有的努力都开花。

对话
讲述秦岭与黄河对话背后的故事

蔡翠莲（活动协调）

我有幸连续三年参加"秦岭与黄河对话"活动。从第一届负责活动车辆安排、接送专家到第二届的"穿越大秦岭·聆听黄河风"自驾采风活动和第三届的"探秘韩城·聆听对话"自驾团采风活动协调，我都力求踏实严谨。在第二届"穿越大秦岭·聆听黄河风"自驾采风活动中，众多媒体、文化学者按照秦岭西部、汉江、丹江、黄河沿线兵分4队，我也参与其中，历经西安、宁陕、石泉、安康、柞水，完成了汶水河、富水河、汉江、岚河、乾佑河水的采集，与其他3队在华山会合。陕西24条江河水在华山融为一体，浇灌了"华山松"，将会场的气氛推向了高潮。

实践证明西北旅游传媒是一支高素质、高水平的团队，是一支能策划出更多有创意活动，为陕西旅游发展增添光彩的团队，是一支能打胜仗的团队。

杨妙（产品推介会协调）

我也算是参加过三届活动的老员工了，尽管过程很辛苦，但活动的圆满成功就是对我们最好的回报。

本次我负责对接5位"对话"嘉宾以及"新思路、新起点、新旅程"推介会。5月18日下午的旅游推介会看似简单的一个会议，其实里面要注意的细节很多，一个小小的疏忽，就可能影响整个会议。比如调试设备时遭遇的灯光、音响的问题；沿黄广播签约仪式需要在短时间内布置好4桌7椅的问题等等，这都需要我们事先做好充足的准备，才会把失误降到最低，让活动协调有序。这次活动让我更加明白了细节的重要性，完美无缺的细节才能衔接出一场流畅圆满的活动！

韩耀龙（场地勘察与布置）

2015年，我全程参与了活动场地勘察与布置，与项目负责人两个月内十几次奔赴韩城，从司马迁文化广场到党家村，再到古城三庙，一块块地砖的大小、一级级台阶的高度，都需要一一测量，以便规划场地，进行合理布置，重要的是要照顾到方方面面的细节。终于选定场地后，便开始紧锣密鼓的筹备。策划

档案

组彻夜开会商定方案，活动组在现场进行搭建，黄河边的大风使屏幕摆放成为一个棘手的问题，于是又连夜调运可抗大风的背板材料；夜色四合，现场指挥人员无法看清，于是我们集体调转车头，用车灯照亮舞台。数个日夜的不眠不休，终于获得了让人满意的成果。未来还会有一场又一场的活动，我们也会因为这不断的历练而更加成熟。

王耀辉（接待主管）

我有幸参与过第一届、第三届两届"秦岭与黄河对话"活动的接待工作，突出的感受是：接待工作虽为后勤工作，但却是一项展示形象、体现水平、彰显实力，从一定程度上反映着一个团队整体的管理水平的重要工作，可以说接待工作无小事，流程细节很重要。

给我印象较深的是2015年在韩城举办的第三届"秦岭与黄河对话"活动。这次活动邀请的几位"对话"者都是国宝级的专家，而且是现场直播，确认专家行程、确保专家及时到达现场就成为活动能否顺利进行的首要保证，这无疑对接待工作是一次严峻的考验。接到任务后，我反复做了不下5次接待方案，为确保万无一失，还专门建立了"秦岭与黄河对话专题群"，组织培训了一支年轻的志愿者队伍，采取一对一服务的特殊方式，让各位大师感到贴心、满意。

牟汉文（活动摄影）

以一位摄影师的身份参与"秦岭与黄河对话"活动，并用镜头记录下活动的点点滴滴，是一件很有意义的事。看着策划团队的每一个人忙碌于活动选址、会场布置、正式举办的每个环节，就像见证一场战役的筹谋、进攻与取胜。从翠华山天池畔，到华山山峰之上，再到史圣故里韩城，风景不断变换，展示着陕西的壮丽之美；活动越来越丰富、亮点越来越多、影响力越来越大，而不变的是我镜头中的这些旅游创意先锋，奔波来去，付出汗水，收获赞美。我以旁观者的身份参与着，以摄影师的身份记录着。精彩的舞台和鲜为人知的幕后，我都一一见证；再用我的镜头将这些故事讲给别人听，这都是乐趣所在。我热爱用照片呈现奇妙的自然风景，也热爱用照片去展示这样一群有故事的人。能够作为一份子参与到陕西旅游的蓬勃发展中，我很荣幸。

世界文化遗产大雁塔

▲ 杨凌农博园

探访名城自驾之旅 （3-5天）

01 探访丝路文化 感受名城新姿

西安 ——28km—— 咸阳 ——65.3km—— 杨凌 ——88.5km—— 宝鸡 ——172.9km—— 天水（麦积山）

沿途看点

咸阳湖、咸阳博物馆、乾陵、杨凌农博园、法门寺、宝鸡炎帝陵、石鼓山、
天水麦积山、伏羲庙

TIPS

陕西自驾车返程线路：天水、陇南、九寨沟、宁强、汉中、西安

甘肃自驾车返程线路：西安、长安、秦岭北麓环山公路、太白山、宝鸡、
凤县、两当、徽县、天水

秦楚风情自驾之旅 （3-5天）

02 穿越秦岭山水 领略秦楚文化

西安 —— 120.6km —— 191.6km —— 245.9km —— 170.9km —— 十堰（武当山）
　　　　　　商洛　　　　　西峡　　　　　襄阳

沿途看点

丹江漂流、金丝大峡谷、三省石、恐龙遗迹园、襄阳古城、武当山、太极湖

TIPS

陕西自驾车返程线路：

　十堰（武当山）、郧西、山阳（漫川关、月亮洞、天竺山）、蓝田、西安

湖北自驾车返程线路：蓝田、山阳、郧西、十堰

档案

03 体验大漠风情 欣赏草原文化

大漠风情自驾之旅 （5-7天）

西安 —75.6km→ 铜川 —231.1km→ 延安 —266.7km→ 榆林 —162.9km→ 鄂尔多斯（成吉思汗陵）

沿途看点

药王山、耀州窑、玉华宫、黄帝陵、黄河壶口瀑布、南泥湾、延安革命纪念馆及旧址、镇北台、红石峡、红碱淖、二郎山、康巴什新城、成吉思汗陵

TIPS

陕西自驾车返程线路：鄂尔多斯、神木、佳县、绥德、延安、黄陵、铜川、
　　　　　　　　　三原、泾阳、西安

内蒙古自驾车返程线路：西安、阎良、富平、韩城、宜川、延安、榆林、
　　　　　　　　　　鄂尔多斯

铜川药王山

对话
讲述秦岭与黄河对话背后的故事

04 观赏黄河风情
感受秦晋之好

"黄河金三角"逍遥自驾之旅 （2-3天）

西安 —— 67.7km —— 渭南 —— 173.9km —— 三门峡 —— 53.9km —— 运城（关帝庙）

沿途看点

少华山、华山、西岳庙、黄河风景区、死海、关帝庙、黄河龙门

TIPS

陕西自驾车返程线路：运城、永济、韩城、富平、西安

山西自驾车返程线路：西安、韩城、永济、运城

档案

泾河文化探源自驾之旅 （4-5天）

05 寻访江河文化 欣赏沿途风情

西安
（高陵）　24.9km　54.1km　18.4km　77.8km　99.4km　71.2km　92.3km　　固原
　　　　　咸阳　　礼泉　　陇县　　彬县　　泾川　　平凉
　　　　　（泾阳）

沿途看点

泾渭分明、爷台山、关中印象体验地、乾陵、大佛寺、大云寺、西王母宫、崆峒山、六盘山、泾河源

TIPS

陕西自驾车返程路线：固原、庆阳、延安、铜川、西安

甘肃自驾车返程路线：西安、杨凌、宝鸡、陇县、平凉

宁夏自驾车返程路线：西安、铜川、延安、银川

游走汉水赏心悦目自驾之旅 （3-5天）

06 游走汉水之滨
体验南国秀色

西安 | 158km | 162km | 94km | 73km | 17km | 65km | 89km | 15km | 西安
　　　宁陕　　汉中　　留坝　　太白　　眉县　　周至　　长安
　　　　　（南郑）　　　　（凤县）

沿途看点

牛背梁、柞水溶洞、瀛湖、岚河漂流、南宫山、燕翔洞、西乡茶园、汉江风光、
南湖、武侯祠、朱鹮自然保护区

牛背梁

档案

07 穿越秦岭南北
享受自然之美

穿越秦岭名县自驾之旅 （3-5天）

沿途看点

秦岭漂流、南湖、黎坪风景区、张良庙、栈道漂流、紫柏山天垣群落、青铜峡、红河谷、太白山、楼观台。

黎坪风光

关中印象体验地 袁家村

西安 — 86.5km — 柞水 — 141km — 安康 — 92km — 石泉 — 145km — 汉中 — 60km — 洋县 — 220km — 西安

08 畅游关中环线
体验民俗风情

关中风情体验自驾之旅 （2-3天）

西安 — 76km — 铜川（耀州）— 100km — 黄帝陵 — 164km — 宜川（壶口瀑布）— 159km — 韩城 — 121km — 蒲城 — 54km — 富平 — 73km — 西安

沿途看点

大地原点、三原城隍庙、于右任纪念馆、唐昭陵、昭陵博物馆、袁家村关中印象体验地、乾陵、法门寺、西部兰花园、太白山森林公园及汤峪温泉、楼观台、农业博览园、草堂寺、太平森林公园、高冠瀑布、野生动物园、上王村乡村旅游点、蓝田汤峪湖

对话
讲述秦岭与黄河对话背后的故事

游走"华夏龙脉"自驾之旅 （3-4天）

09 寻找文化源头 丰富人生阅历

沿途看点

药王山、玉华宫、黄帝陵、黄河壶口瀑布、司马迁祠墓、党家村、唐桥陵、
中国授时中心、习仲勋纪念园

| 西安 | STOP | 42.5km | STOP | 15.5km | STOP | 56.4km | STOP | 18.4km | STOP | 42.5km | STOP | 38.8km | STOP | 64.9km | STOP | 40.4km | STOP | 39.7km | STOP | 51.9km | STOP | 40.7km | 西安 |
| | 泾阳 | | 三原 | | 礼泉 | | 乾县 | | 扶风
（法门寺） | | 眉县
（汤峪） | | 周至
（楼观台） | | 户县 | | 长安 | | 蓝田 | |

法门寺

"激情岁月"红色足迹自驾之旅 （3-4天）

10 红色岁月如歌 大美风光相伴

| 西安 | STOP | 42.5km | STOP | 54.4km | STOP | 2.8km | STOP | 228.4km | STOP | 43.3km | STOP | 104km | STOP | 252.9km | STOP | 75.4km | 西安 |
| 八路军办事处 | | 泾阳 | | 耀州 | | 黄陵 | | 延安 | | 南泥湾 | | 壶口瀑布 | | 铜川 | | |

沿途看点

西安八路军办事处、西安事变纪念馆、照金（香山）景区、黄帝陵、延安革
命纪念馆、枣园、杨家岭、梦回延安保卫战、宝塔山、南泥湾、黄河壶口瀑
布、耀州窑博物馆、安吴青训班旧址、中华人民共和国大地原点、汉阳陵

档案

父亲的山 母亲的河

1= F 4/4

词曲：代凡

3 3 2 3 － 5 | 4 4 4 4 － 4 | 0 5 5 5 2 3 | 2 1 － － 1 |
秦岭 的风， 吹 过我 脸庞， 带 我追逐 着 梦想。

3 3 2 3 － 5 | 4 4 4 4 － 4 | 5 5 5 5 3 2 1 | 1 － － － |
黄河 的水， 向 远方 流淌， 流进 了我的 心上。

6 6 5 6 － 6 | 5 5 3 5 － 5 | 0 6 6 6 4 6 | 5 － － － |
浪在 高歌， 山峰 做媒， 迎 接远方 的 你。

6 6 5 6 － 6 | 5 5 3 5 － 5 | 4 4 4 4 3 5 | 5 － － － | 0 0 0 0 |
父亲的山， 母亲的河， 让我 们在 一起。

6 6·5 1 1· | 5 5 0 3 5 5· | 6 6 5 1 1 1 | 3 － － － | 6 6·5 1 1· |
穿越 那群山， 在秦 岭之颠， 看着 那黄河 弯弯。 越过 那河流，

5 5·3 5 5 3 | 4 4 4 4 1 | 2 1 － － 1 | 6 6·5 1 1 3 |
在 波涛之间， 去 感受 这新生 的 力量。 繁 忙 的丝路， 又

5 5·3 3 5· | 6 6 5 1 1 1 | 3 － － － | 6 6·5 1 1· |
出 现我眼前， 不见 那一 片苍 茫。 四 季 的轮回，

5 5·3 5 5· | 4 4 4 4· 1 2 | 1 － － － | 0 0 0 0 | 0 0 0 0 |
和岁月 的变迁， 都写 在 这片 土地 上。

0 0 0 0 | 0 0 0 0 | 0 0 0 0 | 0 0 0 0 | 0 0 0 0 | 0 0 0 0 |

3 3 2 3 － 5 | 4 4 4 4 － 4 | 0 5 5 5 2 3 | 2 1 － － 1 |
父亲 的手， 黝 黑的 肩膀， 像 那高高 的 山梁。

3 3 2 3 － 5 | 4 4 4 4 － 4 | 0 5 5 5 2 3 | 2 1 － － 1 |
母亲 的话， 和 温柔 目光， 像 那宽广 的 河流。

6 6 5 6 － 6 | 5 5 3 5 － 5 | 0 6 6 6 4 6 | 5 － － － |
浪在 高歌， 山峰 做媒， 迎 接远方 的 你。

对话
讲述秦岭与黄河对话背后的故事

6 6 5 6 — 6 | 5 5 3 5 — 5 | 4 4 4 4 3 5 | 5 — — — | 0 0 0 0 |
父亲的山，　　母亲的河，　　让我们在一起。

6 6 5 1 1̇ | 5 5 0 3 5 5· | 6 6 5 1̇ 1̇ 1̇ | 3 — — — | 6 6· 5 1̇ 1̇· |
穿越那群山，在秦岭之巅，看着那黄河弯弯。　　越过那河流，

5 5· 3 5 5 3 | 4 4 4 4 4 1 | 2 1 — — 1 | 6 6· 5 1̇ 1̇ 3 |
在波涛之间，去感受　这新生的　力量。　　　繁忙的丝路，又

5 5· 3 3 5· | 6 6 5 1̇ 1̇ 1̇ | 3 — — — | 6 6· 5 1̇ 1̇· |
出现我眼前，　不见那一片苍茫。　　　　四季的轮回，

5 5· 3 5 5· | 4 4 4 4· 1 2 | 1 — — — 转1=♯F | 6 6· 5 1̇ 1̇· 3 |
和岁月　的变迁，都写在这片　土地上。　　　秦岭的风　和

5 5· 3 5 — | 6 6 5 1̇ 1̇ 1̇ | 3 — — — | 6 6· 5 1̇ — |
黄河　的水，　都融进了我的胸膛。　　　　父亲的山，

5 5· 3 5 — | 4 4 4 4 4 3 | 1 — — — | 6 6· 5 1̇ 1̇· 3 |
母亲　的河，　孕育了中华千年。　　　　秦岭的风，和

5 5· 3 5 — | 6 6 5 1̇ 1̇ 1̇ | 3 — — — | 6 6· 5 1̇ — |
黄河　的水，　都融进了我的胸膛　　　　父亲的山，

5 5· 3 5 — | 4 4 4 4 1 2 | 1 — — — |
母亲　的河，　山河对话　谱新篇！　　　　fine.

安康瀛湖

对话
DIALOGUE

讲述秦岭与黄河对话背后的故事

附录

唱给大秦岭

杨忠武

一座大山的雄起
造就了南北两个气候
南边吃米北边咥面
一座高山的耸立
闺藏熊猫、直泄飞瀑
万顷林海波涛连绵

这座大山增添了中华的厚重
老子讲经、华山论剑、骊山烽火
文人骚客发出激情咏叹

黄土地是温情的母亲
秦岭就是伟岸的父亲
这座高山养育了秦子秦孙千百年

站在高高的秦岭可以同大海对话
徜徉在秦岭的胸怀可以亲吻自然
望着绵延的秦岭眼前浮现幅幅历史画卷

这是一座灵山
这是一座宝山
这是一座靠山

（作者系陕西省旅游局局长）

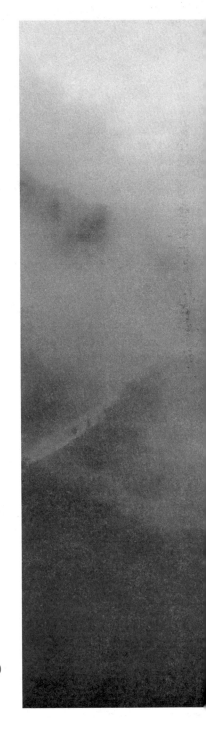

对话
讲述秦岭与黄河对话背后的故事

雾锁大秦岭

秦岭·黄河·丝绸之路

王若冰

　　从空中鸟瞰中国内陆，有一列山脉和一条河对中国北方大地格局影响至关重要，它们就是中华民族的"父亲山"秦岭和"母亲河"黄河。

　　更遥远的地质年代，中国大地还是一片汪洋，只有伴随着第四纪冰川爆发巍峨崛起的秦岭山脉诞生之后，青藏高原以东华夏大地山川起伏，江河纵横的壮丽景观才应运而生。

　　万马奔腾的黄河在北方奔流，绵延千里的长江让江南大地生机盎然，挺立在黄河长江之间的莽莽秦岭如高耸绵延的脊梁，让大地生辉，万物繁荣。

　　秦岭与黄河造就的北方大地，是黄河文明萌芽之地，也是人类历史上第一条东西方文明交流之路——丝绸之路蜿蜒延伸的地方。

　　古老的华夏文明曙光初照之际，是滚滚黄河和逶迤秦岭为我们的先祖提供

了第一片生存乐土、点燃了第一粒文明的火种。

秦岭的宽厚与黄河的仁慈，让中华民族开拓奋进、青春永驻。

生活在古老华夏大地的原始先民打制的第一件石器、烧制的第一件陶器、刻画的第一个记事符号、建筑的第一座遮风避雨的房子、华夏民族的第一代血脉，在黄河与秦岭怀抱里诞生；中国历史上第一个奴隶制国家、第一个封建制国家、第一个东方帝国，在秦岭与黄河的滋养下巍然矗立，彪炳千秋！

黄河的奔腾不息与秦岭的坚韧挺拔，历练了中华民族不屈不挠、自强不息的性格，孕育了生生不息、开拓进取的中国传统文化精神。从十三朝古都长安出发的丝绸之路，也在秦岭—黄河护送下，将周秦汉唐的绝代风华和一个民族的影响力，传播到遥远的西方世界。

由于黄河，挺立在中华大地中央的茫茫秦岭伟岸挺拔，壮丽迷人；由于秦岭，古老黄河奔流到海，永不回头。由于秦岭与黄河的护佑，古老的丝绸之路将世界的东方与西方紧紧联结在一起。

5月19日让我们走进陕西，聆听一场一座大山与一条大河的对话！

附录

一山：谓之秦岭

在中国版图正中央，秦岭是自此向东最高的一座山脉，也是惟一呈东西走向的山脉。在地理学家眼里，秦岭是南方、北方的分界线，是长江、黄河的分水岭；在动物学家眼里，秦岭将动物区系划分为古北界和东洋界；在气候学家眼里，秦岭是北亚热带和暖温带的过渡地带；在文化学者眼里，黄河是母亲河，秦岭是父亲山。

《史记》中说："秦岭天下之大阻也。"因此，它有"九州之险"的称号。广义的秦岭是横亘于中国中部的东西走向的巨大山脉，西起甘肃省临潭县北部的白石山，以迭山与昆仑山脉分界。向东经天水南部的麦积山进入陕西。在陕西与河南交界处分为三支，北支为崤山，余脉沿黄河南岸向东延伸，通称邙山；中支为熊耳山；南支为伏牛山。山脉南部一小部分由陕西延伸至湖北郧县。秦岭山脉全长 1 600 公里，南北宽数十公里至二三百公里，面积广大，气势磅礴，蔚为壮观。狭义的秦岭是秦岭山脉中段，位于陕西省中部。在汉代即有"秦岭"之名，又因位于关中以南，故名"南山"。秦岭陕西段是秦岭的精华部分。在陕西境内的秦岭呈蜂腰状分布，东、西两翼各分出数支山脉。西翼的三支为大散岭（海拔 2 819 米）、凤岭（海拔 2 000 米）和紫柏山（海拔 2 538 米）。东翼分支自北向南依次为华山（海拔 2 154.9 米）、蟒岭山、流岭和新开岭。山岭与盆地相间排列，有许多深切山岭的河流发育。秦岭中段主体为太白山（海拔 3 771.2 米）、鳌山（海拔 3 476 米）、首阳山（海拔 2 720 米）、冰晶顶（又名静峪脑，海拔 3 015 米）、终南山（海拔 2 604 米）、草链岭（海拔 2 646 米）。

秦岭是我国非常重要的一个生态系统，也是中国文化和历史的体现。可以毫不夸张地说，没有一座山脉像秦岭一样哺育和影响着中华文明的伟大进程。在秦岭的高山密林里，藏匿着鬣羚、斑羚、野猪、黑熊、林麝、小麂、刺猬、竹鼠、鼯鼠、松鼠等数不清的哺乳动物，以及堪称世上最为丰富的雉鸡类族群。野生动物中有鼎鼎大名的"秦岭四宝"——大熊猫、金丝猴、羚羊、朱鹮。不仅如此，秦岭南北的人文景观亦各具特色。南秦岭哺育了汉中，汉室、汉朝、汉人、汉字、汉文化由此定鼎。汉江与丹江交汇的丹江口地带，则是楚文化祖庭所在。嘉陵江源出西秦岭，在其下游成局的巴文化独具一格。北秦岭哺育了大关中，这里是中国历史上最早的天府之国。周秦汉唐是决定中国文化走向的四大朝代，皆奠基和崛起于北秦岭。

北面的关中平原史称"八百里秦川"，自新石器时代就出现人类农耕、定居，是中国有名的文物古迹荟萃之地。秦岭间南北向的深切河谷自古就是南北交通孔道，其中著名的有今宝（鸡）成（都）铁路经过的陈仓道、西安至宁陕的子午道、傍褒水和斜水的褒斜道，以及傥骆道、周洋道。在秦岭北坡及关中平原南缘现存众多的文物古迹及流传着丰富的历史故事。有秦始皇陵及许多帝王陵墓群、周代沣镐遗址、秦阿房宫遗址、楼观台、张良墓、蔡伦墓等古迹。

秦岭主峰太白山海拔 3 771.2 米，是中国大陆青藏高原以东第一高峰。山顶气候寒冷，经常白雪皑皑，天气晴朗时在百里之外也可望见银色山峰，这便是最为著名的"长安八景"之"太白积雪六月天"。而位于西安市南 40 余公里的终南山自古风景秀丽。《诗经·秦风》有"终南何有，有条有梅"的诗句。唐代官绅在此建有别墅，其中以王维的辋川别墅最负盛名。王维所作的优美山水诗大多是描写此处景色。附近还有翠华山、南五台、骊山等秀丽山峰，山中分布有明清以来建造的太乙宫、老君庵等大小庙宇 40 余处，是关中游览避暑的良好场所。

秦岭陕西段有 101 个国有林场、38 个森林公园、28 个自然保护区、6 个国家风景名胜区和 1 个国家地质公园。除本书前面介绍的秦岭终南山世界地质公园翠华山、华山风景名胜区、太白山国家森林公园外，还有众多胜景，现介绍一二。

骊山风景名胜区——骊山是我国古今驰名的风景游览胜地，周、秦、汉、唐以来，这里一直作为皇家园林地，离宫别墅众多。远在上古时期，这里曾是女娲氏"炼石补天"之处；西周时，周幽王又在此上演了"烽火戏诸侯"的历史闹剧；秦始皇将他的陵墓建于骊山脚下，还留下了闻名世界的秦兵马俑军阵；唐朝，唐玄宗、杨贵妃在此演绎了一场凄美的爱情故事；就连逃难而来的慈禧

昭陵 九嵕山

太后也不忘在此游玩享乐。现代史上，著名的"西安事变"旧址兵谏亭也位于骊山之上……

金丝大峡谷景区——位于秦岭东段南麓，新开岭腹地。峡谷景观奇特俊秀，集林、峰、禽、兽、泉、潭、瀑、洞、峡、石等自然生态景观于一体，是一个以森林游憩、避暑、探险、高山揽胜、科学考察为主的大峡谷型森林公园。园内有白龙峡、黑龙峡、青龙峡、石燕寨和丹江源五大景区，一百多个景点，峡谷总长度20.5公里，纵深10多公里，最深处至今还无法到达。空气含氧最高，是一座天然氧吧。

附录

一河：谓之黄河

"天外挂飞川，骇浪生素幔。已过悬崖万仞山，犹有惊涛溅。溅不入春时，却把暖春唤。一任沧桑岁月多，尽在长河岸。" 肖草的一阕《卜算子·黄河》让我们对黄河之壮美更为迷恋。作为世界第五大长河、中国第二长河——黄河，它像一头脊背穹起、昂首欲跃的雄狮，从青藏高原越过青、甘两省的崇山峻岭；横跨宁夏、内蒙古的河套平原；奔腾于晋、陕之间的高山深谷之中；破"龙门"而出，在西岳华山脚下掉头东去，横穿华北平原，急奔渤海之滨。自西向东流经青海、四川、甘肃、宁夏、内蒙古、陕西、山西、河南及山东9个省、市、自治区，汇集了40多条主要支流和1 000多条溪川，全长约5 464千米，流域面积约752 443平方千米。

黄河发源于青海省青藏高原的巴颜喀拉山脉北麓约古宗列盆地的玛曲，其中上游多山地，中下游以平原、丘陵为主。因此远古时期的黄河中下游地区黄土高原和黄河冲积平原土质疏松，易于垦殖，加之气候温和，雨量充沛，特别适宜于原始人类生存。早在110万年前，蓝田人、大荔人、丁村人、河套人就在黄河流域开始生息繁衍。大约在4 000多年前，黄河流域内形成了一些血缘氏族部落，其中以炎帝、黄帝两大部族最强大。世界各地的炎黄子孙，都把黄河流域认作中华民族的摇篮，称黄河为"母亲河"。如今在陕西省黄陵县有黄帝陵，宝鸡市有炎帝陵，每年这两个地方都会有大型的民间祭祀活动。

作为黄河最大的支流，渭河所孕育的渭河平原是华夏文明发源地之一 ——黄河流域的重要组成部分。它与其最大的支流泾河一起，创造了泾渭流域不朽的人类文明。陕西境内的泾渭流域包含了泾河流域的咸阳地区，和渭河流经的西安、宝鸡、渭南，以及其支流流经的延安、铜川地区。因为流经黄土高原地带，黄河支流的渭河总是混浊不堪，而与其在西安高陵县相汇的泾河却是以清澈著称。"泾渭分明""泾清渭浊"的成语也由此而生。泾河流域对中华文明的历史贡献，最主要的是周王朝的发迹和郑国渠的兴建。周王朝发迹于豳（今陕西彬县），世代以种植农业为主。后来受到戎狄的侵略，周祖才由泾河流域迁徙到渭河流域，定居岐山下的周原。至今，史书仍把"重稼穑、殖五谷"称为豳风遗训，可见泾河农业对中国农业影响之深远。到了秦代，秦始皇兴建郑国渠，引泾水入渠，沿途接纳冶峪河、清水河、浊峪河、漆水、沮水等，东通洛河。渠成后，"溉泽卤之地四万余顷，收皆亩一钟，于是关中为沃野，无凶年"（《史记·河渠书》），这为秦始皇扫灭六国，完成统一大业提供了重要的给养保证，也为后世十三朝建都长安立下了汗马功劳。

黑河，黄河支流渭河的右岸支流，流域全在周至县境内。古称芒水，以其出秦岭芒谷而得名；又因其水色黑，故称黑河。源头在太白山东南坡二爷海（海拔 3 650 米），在尚村乡石马村投入渭河。流域内有黑河森林公园、楼观台等风景区，骆峪道等遗迹。

无定河，黄河一级支流，位于中国陕西省北部，是陕西榆林地区最大的河流，它发源于定边县白于山北麓，上游叫红柳河，流经靖边新桥后称为无定河。全长 491 公里，流经定边、靖边、米脂、绥德和清涧县，由西北向东南注入黄河。这条穿梭于农牧交错带的河流，曾目睹了一场场旷日持久、惊天动地的征战与动荡。从秦汉到宋、明，这里一直是中原汉族与北方游牧民族反复争夺的土地。"可怜无定河边骨，犹是春闺梦里人"，今天行走在无定河边，似乎仍能感受到边塞烽火的气息，战马嘶鸣、战鼓如雷，从遥远的历史深处奔腾而来。

窟野河，黄河中游支流，发源于内蒙古自治区东胜市巴定沟，流向东南，经伊金霍洛旗和陕西省府谷县境，于神木县沙峁头村注入黄河。在神木这片神奇的土地上，窟野河不仅孕育出了寨峁和黄羊城两大遗址，还静静诉说着关于杨家将的历史传说。

滔滔黄河水在哺育了两岸千千万万炎黄子孙之后，更是散发出迷人的多样风采。它把自己最壮美的身姿留在了秦晋交界处——陕晋大峡谷。黄河在这里劈开万仞山，势如破竹，形成了黄河上最长的一段连续峡谷河段，留下了两处著名的景观。

位于陕西宜川县城以东 35 公里处的壶口瀑布号称"黄河奇观"，以其气势雄浑而享誉中外。古往今来，吸引了无数文人墨客来此瞻仰咏颂。浑黄的浪涛在巨大的落差后注入谷底，激起一团团黄色的水雾烟云……犹如万马奔腾、深谷硝烟。

黄河龙门是黄河的咽喉，位于韩城市北30公里的黄河峡谷出口处。此处两面大山，黄河夹中，河宽不足40米，河水奔腾破门而出，黄涛滚滚，一泻千里。传说这里就是大禹治水所凿开的一条峡口，因而又称禹门口。人们所说的"鲤鱼跳龙门"就是指这里。据《名山记》载：黄河到此，直下千仞，水浪起伏，如山如沸。两岸均悬崖断壁，唯"神龙"可越，故名"龙门"。

黄河源头

凤县岭南风光

对话
DIALOGUE
讲述秦岭与黄河对话背后的故事

后记

讲好陕西旅游发展故事

　　旅游业的快速发展，为文化的开发、传承提供了鲜活的载体和广阔的空间。陕西省从2013年开启的"秦岭与黄河对话"，就是旅游与文化深度融合，用"对话"的方式讲述陕西旅游故事，传播博大精深的陕西文化的一种有效尝试。

　　2011年3月30日，国务院常务会议通过决议，将《徐霞客游记》的开篇之日即每年5月19日定为"中国旅游日"。这一非法定节假日的设立，对于中国旅游业而言，可以说是具有里程碑式的意义，它既标志着旅游产业在我国社会经济中的重要地位和作用上升到了一个空前的高度，又预示着全民休闲旅游时代的正式开启，旅游已经融入到了每个国民的正常生活之中，成为人们休闲度假、愉悦生活、陶冶情操、丰富知识和享受美好生活的必然选择之一。

　　2011年5月19日起，国家旅游局和全国各省区、全国旅游行业都采取不同方式开展"中国旅游日"宣传活动，倡导"爱旅游、爱生活"的大众旅游理念，陕西省旅游行业响应国家旅游局号召，也连续两年在全省各地开展了以旅游进社区、进高校等为重点的公众咨询和宣传活动。2013年春天，面对全省旅游业发展新特点和新形势，陕西省旅游局在充分调研后要求旅游活动必须打破传统思维，因地制宜不断创新方式和方法，充分彰显出陕西文化特色和旅游特点，立体式活化陕西自身拥有的历史文化优势，激活得天独厚的自然山水资源。杨忠武局长提出以"秦岭与黄河对话"的方式，让每年5月19日"中国旅游日"成为讲述陕西旅游故事的大舞台和促进全省旅游产业健康发展的前瞻性理性大平台，辅之以喜闻乐见的大众参与、行业惠民方式，形成每年"中国旅游日"陕西在全国范围内特色鲜明的主题文化活动，立体式塑造大众休闲旅游时代人文陕西新形象。这一建议得到了各方面的高度认可，于是，在杨忠武局长的亲自主持与策划下，经过西北旅游文化研究院的细节设计和众多电视、文化传媒机构的共同努力，"秦岭与黄河对话"成功进入国内外民众视野，并且在逐年大幅度创新和升级中成为影响海内外的陕西旅游新名片。

顾名思义，"秦岭与黄河对话"依托的是养育陕西、哺育华夏民族的黄河和护佑三秦、承担着中国地理、气候、水系、土壤、生物南北分界线角色的秦岭山脉，那么每年的"对话"地点必然在其一方选择和勘查，而嘉宾的确定往往因不同主题而选择，这就有了众多鲜为人知的幕后故事。2015年"对话"活动结束以后，许多专家学者和旅游文化界人士提出梳理几届对话，记录幕后细节的建议。于是，连续三届承担"对话"活动策划与合作执行任务的西北旅游文化研究院再受陕西省旅游局委托，开始编辑、整理这本讲述"秦岭与黄河对话"幕后故事的《对话》图书，希望在2016年"秦岭与黄河对话"前夕能够呈现给关注《对话》、支持陕西旅游发展的各界人士。

《对话》图书在编辑出版的过程中，得到了"对话"历届嘉宾、组织者、参与者的大力支持，也收到了各方面提供的大量文图资料。陕西省旅游局领导和相关部门也给予了热情指导和支持，在此深表谢意！

作为一项影响波及国内外的大型主题活动，"秦岭与黄河对话"一连多届的成功举办，凝结着创意策划、项目执行、合作各方以及场景所在地和钟情于"对话"的台前幕后工作人员的无数心血，可歌可泣的事迹和值得解读的幕后故事亦不计其数。由于我们水平所限和编辑组稿时间有限，疏漏和不足在所难免。诚恳希望读者不吝赐教，以便修订时完善。随着时间的延续，每年一届的"秦岭与黄河对话"将愈加精彩，影响也将愈加广泛、深远，幕后的故事也将会更多。欢迎广大读者像关注陕西旅游一样支持"对话"，也希望更多的亲历者、参与者以鲜活的方式记录"对话"、传播"对话"，携手讲好陕西旅游故事，为陕西旅游创新发展贡献一份力量。

编者

2016 年 4 月

后记

图书在版编目（ＣＩＰ）数据

对话 ：讲述秦岭与黄河对话背后的故事 ／ 西北旅游

文化研究院编著. — 西安 ： 陕西旅游出版社，2016.5（2024.11重印）

ISBN 978-7-5418-3367-0

Ⅰ．①对… Ⅱ．①西… Ⅲ．①地方旅游业－旅游业发

展－文化活动－陕西省 Ⅳ．①F592.741

中国版本图书馆 CIP 数据核字(2016)第 103896 号

对话：讲述秦岭与黄河对话背后的故事　　　西北旅游文化研究院 编著

责任编辑：张 颖 孙 晖

出版发行：陕西旅游出版社（西安市唐兴路 6 号　邮编：710075）

电　　话：029-85252285

经　　销：全国新华书店

印　　刷：三河市兴国印务有限公司

开　　本：787mm×1092mm　　　1/16

印　　张：13.25

字　　数：100 千字

版　　次：2016 年 5 月　　第 1 版

印　　次：2024 年 11 月　　第 2 次印刷

书　　号：ISBN 978-7-5418-3367-0

定　　价：69.80 元